从0到1做微商

微时代营销思维

刘 建　李浩然 / 著

团结出版社

图书在版编目（CIP）数据

从 0 到 1 做微商 : 微时代营销思维 / 刘建 , 李浩然著
. -- 北京 : 团结出版社 , 2017.1
ISBN 978-7-5126-4916-3

Ⅰ . ①从… Ⅱ . ①刘… ②李… Ⅲ . ①网络营销
Ⅳ . ① F713.365.2

中国版本图书馆 CIP 数据核字 (2017) 第 023812 号

出　版：团结出版社
　　　　　（北京市东城区东皇城根南街 84 号 邮编：100006）
电　话：（010）65228880　65244790（传真）
网　址：www.tjpress.com
E-mail：65244790@163.com
经　销：全国新华书店
印　刷：北京艺堂印刷有限公司

开　本：880mm×1230mm　1/32
印　张：9
字　数：202 千字
版　次：2017 年 5 月第 1 版
印　次：2017 年 5 月第 1 次印刷

书　号：ISBN 978-7-5126-4916-3
定　价：68.00 元

P
reface 前 言

你错过了淘宝；

你错过了 QQ；

你错过了微博；

你错过了微信；

现在，你还要错过微商吗？

微商，互联网时代的赚钱利器！

在微营销"肆虐"的年代，营销的价值更大了，随着大家对微营销的进一步认识，微营销也越来越深入人心了。无论是从事互联网行业的人，还是行业外的，大家都在关注微营销。而对于微营销从业者来说，营销思维是其中的关键。

微营销的方式方法非常多，大家如何选择？而在选择的过程中，怎么去挖掘新的方法、新的内容？所谓的微活动就是要吸引新粉丝，不仅要增强与粉丝的互动性和活跃度，传递品牌，更要想办法吸引新粉丝。

本书全面剖析微商运营策略、营销技巧与工具、微商实战案例，结合当前微商最流行的玩法与高速成长的微商背后的成功法门，深刻而系统地阐述了微商的概念、微商赚钱的核心思维，并深度解析了微商该怎么做、怎么寻找客源、如何成为微商代理、如何开微店等。

本书理论联系实际，结合微商思维，从微商转型、自有品牌打造、产品选型、营销推广、粉丝获取、客户维护、微商社群与运营管理、团队打造、自明星打造等方面着手，通过微商故事，全方位解读了成为一名赚钱的微商需要掌握的方法和技巧，以及需要避免的陷阱和误区。

这是一本可落地的微商创业实操指南，不仅有大量的真实案例，更有技巧性的思维点拨。

相信本书一定能帮助微时代创业者少走弯路，早日创富！

目 录

CONTENTS

Chapter One

微商时代是下一个创业风口

Chapter Two

微商时代创业的突围之路

Chapter Three

微商的三大核心操作技巧

Chapter Four

微商需要懂的社交思维

Chapter Five

微商的快速扩张之路

Chapter Six

玩转朋友圈让销售额倍增

Chapter Seven

靠文案塑造个人品牌

— Chapter Eight ·

"微关系"教你与客户谈恋爱

— Chapter Nine ·

玩转微信社群和粉丝营销

— Chapter Ten ·

帮团队就是在帮自己

Chapter Eleven

微信营销思维与赚钱技法

Chapter Twelev

直播电商：微商盈利新趋势

附录

第1章

Chapter One

─── 微商时代是下一个创业风口 ───

什么是微商

"什么是微商？"徐婷瞪大眼睛望着眼前风度翩翩的陈老师。

只见陈老师嘴唇微翘，吐出一串串字符，宛如一首美妙的歌，牢牢地印在了徐婷的脑海里："其实最早提出微商概念的是微盟 CEO 孙涛勇，在他看来，这是一种社会化移动社交电商模式。"陈老师的声音极具磁性，徐婷的全副注意力都放在了眼前这位知识渊博的老师身上。

"它是企业或者个人基于社会化媒体开店的新型电商，主要分为两种：基于微信公众号的微商称为 B2C 微商，基于朋友圈开店的微商称为 C2C 微商。

微商和淘宝一样，有天猫平台 (B2C 微商) 也有淘宝集市 (C2C 微商)。所不同的是微商基于微信'连接一切'的能力，实现了商品的社交分享、熟人推荐与朋友圈展示。在微商时代，产品不囤货、成本小、便于推广、精力花费少，这都是优势；劣势则是货源质量难以控制，很多从业者没有推广经验，以及行业门槛低、竞争力大。"

陈老师吐字清楚，讲解详细，让徐婷原本朦胧的认识一下子清晰起来。于是脱口问道："那么，怎么做好微商呢？"

陈老师抬头看了徐婷一眼，对眼前这位眼睛大大又灵性十足、悟性极佳的学生充满了好感。他声调一变，用一种柔和的声音说道："对于这个问题，我有几条建议，可供你参考。"陈老师稍作停顿，就继续说道："很多微商认为把自己的东西卖出去了就能挣钱。其实，这种获益是短暂的。为了能让自己的微商之路走得更长远，我建议微商要控制好货源，选择好的微商开店工具。现在做微商，不能像过去那样，通过在朋友圈发发广告就等着别人汇款了。我的建议是，广大微商要借助比较靠谱的微商开店，在平台上完成交易。"

陈老师停了停，没等对方再问，接着往下说："微商在推广的时候我建议使用第三方平台，如 QQ 空间、微信、微博、论坛等。对于新手微商来说，则要有计划地做一件事，比如确定产品。"

见到徐婷露出一副若有所思的模样，陈老师端起茶杯喝了一口，有意留给徐婷一个消化吸收的时间。直到对方露出了恍然大悟的神色，这才继续开始他的演说："一个好的名字也很重要，能为产品加分不少，比如，方便传播，可以让你店铺的知名度提升几倍。如卖米的富哥，微信名叫'富哥卖米'，一看就知道产品是什么；如农味网的阿文，一看就知道是做农产品的。在微信名字的选取上，我的建议是要参照你从事的行业或产品，再结合你的个人名称，不建议用一些不知所谓的，或者听上去比较'高大上'的英文名称。此外，微信号也不要太复杂，建议用数字，或者简单的英文字母，方便人家加你微信。"

微信卖货良莠不齐

实际上，做微信营销，选好产品非常重要，选定的产品最好能具备以下几个特点：

首先，重复购买率高，比如面膜。

其次，质量好，特别是对健康有好处的产品，大家越来越重视健康问题了。

再次，具有普遍需求的产品，如食品，人人都可能尝试。

最后，易传播，能在 200 个字之内描述清楚的产品是最好的，也方便大家记住并传播。

在卖产品之前，你自己要对产品非常熟悉，能够把产品的卖点提炼出来。

陈老师的一番解说让徐婷获益匪浅，真有一种醍醐灌顶之感。她想起了腾讯的联合创始人张志东说过的话："腾讯的未来是什么，是做大数据服务和连接的公司。腾讯做了十几年人和人的连接，进度条也许就做了 30%，还有大量空间。连接人和服务，我们有微信公众平台，同滴滴打车、大众点评的合作都是尝试，进度条也许只推进到 3%。而连接人和物，整个业界的进度条也许推进了还不到 0.1%。我想在连接上能让腾讯折腾很多年。"

她还想起在另一篇文章上看过这样一段话：

> 微信的强大在于它的连接能力，通过社交和移动的结合，把人和人、人和物连接在一起，让交流变得更加方便。不管微信如何变，想做好微信营销，就必须做好你和客户之间的连接，做好互动。当你了解微信本质的时候，你就能很快掌握如何玩转微信的方法，并做好微商。做任何事情只要思路是对的，方法就很容易找到。

这篇文章徐婷看了后，虽然留下了较深的印象，可是却没有深切的体会，在听了陈老师的讲课后，徐婷感到心里一下子亮堂了许多。她觉得当下在互联网上，之所以关于微商的讨论异常火爆，其原因就在于以下两个方面：一是朋友圈的微商发展已经到了瓶颈期，越来越多的微商有一种"钱"途末路的感觉；二是在淘宝上创业的成本越来越高，微商成为淘宝上约 80% 无法赚钱的卖家眼中的最后一根救命稻草。

要知道，微信的一举一动都会触动微商们的神经。在这个新旧交替、传统电商向移动电商过渡的当口，微商作为先行者率先进入了公众视野。可在现实中，也曾出现一些操作误区，比如将微商的概念狭隘化，将微商视为传销，等等。可见人的认识是有一定偏差的。

作为一名社会工作者，徐婷当然不会忽视火起来的"微商"，她也曾做过"什么是微商"的调查，最终得出的答案很多：朋友圈卖货、微信开店、口袋购物、微博打赏、自媒体……

综合以上所有答案，微商是朋友圈卖货的，这似乎成了共识，大家也比较容易接受。其实，微商是移动社交电商的一种，是基于社会化媒体或移动社交而存在的。

微商的特征首先是去平台化，其次是去流量化，最后是去品牌化。去平台化就是商家不再依赖淘宝、天猫等大平台生存；去流量化就是可以将所有社会化媒体聚合起来，一键发布商品；去品牌化就是随着"小而美"的产品越来越多，产品的入口和场景变得越来越重要，消费者不再专注于某一种品牌，购物成了一种随时随地的喜好和兴趣。

在很多人的心目中，微商在潜移默化中做到了以下四点：

1. 改变了"自商业"的群体结构

微商经历了"微信电商—微电商—微商"的成长过程。如果把朋友圈卖货看作是微商雏形的话，那么微信开店（微店）的兴起则代表着微商的成熟和壮大。这一转变过程不仅是微商作为一种自商业的完善，更是从业者的不断扩充和产品的不断延伸。

2. 加速了用户购物习惯从 PC 端到移动端的转变

2014 年"双十一"天猫 571 亿元的交易额中，移动端的占比高达42.6%，尽管很多人质疑在 PC 端下单的人更多，但显然，移动端购物的趋势是连年扩大的。微商无法彻底取代消费者在 PC 端交易的习惯，但已经吸引了越来越多的人转向移动端购物。

3. 改变了 C 端的用户身份

假如你是一个时尚达人，在朋友圈买了一款朋友分享的产品，而恰好你又对这款产品非常了解，体验之后觉得很好，于是你可能就会想着做他们的代理商或分销商。此时你的身份就会从 C 端走向 B 端，你可能从买家变成了买手。

4. 重塑了买家和卖家的关系

在淘宝电商时代，买家和卖家的关系主要建立在产品上，而人和人之间的内在关系几乎为零；而在微商时代，买家和卖家的关系建立在"社交—电商—社交"上，在这样一个可循环的生态之中，前者只是一种单纯的商业关系，后者先有关系后有商业，并且，这种商业循环还会不断被传播。

按照陈老师的说法，徐婷意识到：想做好微商，首先你要找到一个好的产品，口碑传播是微商的根本，好的产品自己会说话；其次你要找到一群价值观相同的合作伙伴，只要你有一个开放的心态，同时愿意把利润分享出去，你就能把微商做好。

面对新的形势，营销的最佳途径莫过于社交网络。互联网带给我们最大的颠覆是用户消费行为的改变，这是最关键的。现在92%的人相信朋友推荐，相信电视、广告的人数则滑落到50%以下。现在所有公司都想变成自媒体公司。因为，移动互联网时代的到来，使"点对点革命"的实现成为可能。

在社交媒体时代，产品才是营销的核心。产品是 1，营销是 0：如果产品的"1"不存在，增加再多的"0"都不会成功。所以，选出好产品，是做好微商的第一步。

根据网络和现实生活中微商群体的互动沟通，好的微商产品一般具有以下几个特点：

首先是高毛利。保证有足够高的毛利。低利润的产品如牙刷、茶杯等，当你花费同样的时间和精力，卖出去 100 件牙刷所获得的利润还不及卖出一盒黑枸杞，那你就应该考虑是不是该换产品了。

其次是竞争少。如 3C 产品。而类似衣服和鞋子这类产品则要谨慎，因为卖的人太多了。

再次是质量可控。微商卖的其实是人品，一旦产品质量不行，影响的是你个人的信誉，所以在选择销售哪种产品时，一定要对该产品知根知底。哪怕前期辛苦点，多在产品上下功夫，换来的是长远的可持续发展。

第四是满足大众需求。每个人都有基本需求，如吃的产品，人人都愿意尝试。如果是卖衣服和鞋子的，虽然也是大众需求，但有可能会在款式、尺寸、颜色上不符合客户需求，进而带来一定的退换货。

最后，还要易传播。对产品不需要解释太多：不要太多文字介绍或者放太多图片，否则容易引起阅读疲劳。能在 200 个字以内介绍清楚产品是最好的。

因此，微商也可以这么解释——微小的个体经营户或公司，而不要狭义地把它定义成"在微信朋友圈卖东西的商人"。

想成为一名合格的微商，除了选好产品，再来就是跟好团队了。万一跟错人，团队不给力，浪费时间又浪费钱。毕竟现在微商圈中存在着不少品质低劣、证件全无的三无产品，以及一些缺乏实力，甚至是以圈钱为目的的骗子团队。因此，如果在选产品和团队的时候，事前不做调研、不做评估、不去体验，轻率作决定，是很容易上当受骗的。

此外，"品牌不是你想做、想做就能做"的。很多人看到一些明星做微商品牌很成功，觉得自己既然有产品或者销售方面的优势，那么自己肯定也可以做得好，于是马上找几个联合创始人开始出产品，接着动用自己的资源找代理、卖货。殊不知，想要运营好一个微商品牌，有的是"满满的套路"，并不是我们看着挺挣钱就可以去"参"一脚的。打造一个品牌需要考虑的东西实在是太多太多了，而且这是一个长期过程。选择现有品牌的最大的好处就是"大大降低试错成本"，可以通过一个项目快速入门。

徐婷曾针对1000名微信群友做过调研，调研题目是《最反感微商的地方是什么》，结果99%以上的朋友都说最讨厌刷屏，其中80%以上的朋友都说已经直接把刷屏者屏蔽或拉黑了。因此，不懂得社群营销的精髓是用心交朋友，只会狠狠地刷屏、加粉，甚至骗粉的人，只能努力地让别人用最快的速度把自己拉黑！

就像微信圈曾流行一个冷笑话一样："有一哥们儿在朋友圈卖东西，开始时完全没人搭理他。但他每天都坚持上货、拍照、修图，然后发到朋友圈，坚持了整整一个月，功夫不负有心人，终于有了回报——所有人都把他拉黑了。"

这个段子其实非常写实！一些有准备的微商朋友会选择上

一些微商培训课，毕竟这样上手更快更容易，也可以避免犯错。徐婷认为，提前上课是非常对的，也是非常有必要的。徐婷身边大多数现在做得还不错的跨界者，都是先从学习开始，用最少的学费学到最宝贵的知识，然后在微商路上越走越顺畅。可是部分朋友，不知道如何选择课程，总是哪里有课程就去哪里听，听了之后感觉无从下手。

在徐婷看来，听课无非分为两种，一种是免费的，一种是收费的。免费的微商课程网上一大堆，但是很多方法早就不管用了。收费的培训也是鱼龙混杂，少的几百块钱，高的上万元，很多人发现学到最后往往似是而非，根本没有半点作用。

想要做好微商其实是一件困难的事情，也并非听一两堂课就能解决所有问题，理论与实践紧密地结合，才是微商的"正确打开方式"。而徐婷就是一边听课学习，一边按照课程实际操作的。她自己开了一个微店，并在陈老师手把手的指导下全面铺开业务，效果很好，每天订单不断，仅半个月时间，她的收入就已经上万，这是徐婷以前想都不敢想的。

由于生意越来越好，徐婷也组建了自己的微商团队，在老师的指引下，她的微商生意越做越红火，这半年下来，她带领的团队每个月的收入都稳定在 10 万元以上。

在实践中，徐婷在"如何做好微商"这个问题上，总结出以下四点：

首先，选择团队非常重要。如果你有了一个强大的团队，你的创业之路会走得异常顺利。

其次，形象塑造也很重要。做微商一定要塑造自己的正面形象，积极、阳光、有实力、有品味、高大上等。

　　再次，和微信好友培养感情。不要老想着第一时间卖产品，先跟陌生人交朋友，建立了信任，熟悉之后自然有机会成交，就算不能成交，也有可能透过他的朋友圈子去成交。

　　最后，最重要的是坚持和耐心。微商适合一些有耐心的人去做，微商做得好的不一定是聪明人，但一定是能坚持到底的人。

微商时代正在到来

"微商时代正在到来！"陈老师在讲述这个课题的时候，神情显得有些严肃，紧锁的浓眉呈现出一种阳刚之美。徐婷则听得津津有味。

"在互联和电子商务蓬勃发展的今天，人们的网购消费习惯逐渐成熟，2015 年的'两会'上，李克强总理在答记者问中，还表示愿为网购、快递和电子商务等新业态做广告。伴随着社交媒体等渠道的迅速发展，微商的概念便以不可思议的速度在全体国民的手机端传播开来。2015 年 4 月，义乌甚至举办了一界前所未闻的大会——世界微商大会，这意味着微商时代正在成为这个时代的风口。"

2015年的世界微商大会

　　显然，陈老师对这个课题研究颇深，旁征博引、娓娓道来，很让徐婷为之心动神往。

　　"生活就像一盒巧克力，你永远不知道谁会成为下一位在你朋友圈中卖东西的人。"她想起了最近在朋友圈中广为流传的段子，而这个段子也把"朋友圈经济"的火热，惟妙惟肖地展现出来。

　　陈老师的声音再次传来："微商，简单来说就是借助移动终端平台上的移动互联技术进行的商品买卖活动，几乎只要有一个社交网络账号，人人都可以是商人，或者代理或自营，卖货赚钱。相关数据显示，2014 年中国移动购物用户规模突破 3 亿，增长速度超过 35%，高于 PC 购物用户 25% 的增长速度，移动购物的交易规模接近 10 万亿，增长率达到 270%。"

陈老师的记忆力极佳，精准的数据信手拈来，可见这些资料早就烂熟于心了。他用一种十分权威的口吻说道："影响微商销量的关键就是口碑和信任度，而口碑的提升和消费者信任的取得，很大程度上来源于商家的销售业绩和其他买方的评价，因此微商总会在自己的熟人圈维护形象——不想打扰他人，还要正常投放广告。"

徐婷微微点了点头，做了几个月的微商，发了一点小财还在其次，让她引以为傲的是随之而来的一种成就感，一种自己创业所获得的成就感。

"微商是利用社交媒体卖产品的，其主要销售渠道为微信、微博、空间等平台，这些社交平台原本没有多少商务性质，这决定了微商的营销是受到限制的。为了不漏掉一点咨询业务或任何订单，有的微商 24 小时待命等待消息。

"当然，个人圈子人数毕竟有限，而产品信息需要传递到更多人的手里，因此，微商只能通过加好友的方式。我有一个朋友买了 3 部 iPad，一部 iPad 开 100 个微信号，每个号都加满 5000 人，但两个月下来，发出的信息大部分石沉大海，好多号都被封了。因此，微商听起来很美，但要做好微商经济，依然需要迈过很多门槛。

"微商的未来将依托于生态圈建设。微商的模式不是一种模式与另一种模式的机械叠加，而是两相融合。从构架和产品设计的模式上，从业者需要跳出传统微商甚至是电商的框架。

"目前微商的发展存在瓶颈，参与人数多，这在一定程度上导致了商品质量参差不齐，政府对此的监管及税收政策尚不明朗。对于微商的未来发展而言，从业者不应该仅仅关注人口袋里的钱，还应该关注"人"本身——以无所不包的互联网文化，吸引人进入理性而自由的社交生活；不再局限于当下的利益，而驻足长远生态圈的建设，并为用户带来比金钱更重要的购物体验……从这些意义出发，有家叫钱宝网的互联网公司，就在摸索移动社交收益平台，开创了微商新时代，我们乐见越来越多有这般远见和洞察力的企业出现，令微商的发展更加蓬勃有序。"

徐婷听着陈老师的课，大脑却在高速运转。

对比众多微商平台，在如今这个"互联网 +"的风口上，钱宝网出的"招"堪称奇妙——微商！并非大家所熟知的微店做法，而是一个基于社交的全平台微商概念。

微商的市场需求使得众多独立微商平台在 2014 年迅速崛起，而针对渠道及传播需求，钱宝网则在 2015 年依靠大数据等技术手段，完善了微商生态系统，极大地帮助微商实现了精准传播和营销，规范未来的微商行业。

过去数年间，钱宝网依靠"看广告、做任务、赚外快"的新型商业模式，成为中国首创的注意力经济平台。在这一过程中，钱宝网对用户的消费需求、注意力分布等信息实现了收集沉淀，在推出微商平台之后，钱宝网此前的厚重积累寻找到了一个极具生命力的突破口。

钱宝网的庞大用户群体，为钱宝网的微商发展提供了精准客源。而钱宝网新版客户端重点打造基于社交的微商平台，满足了"宝粉"之间的无缝沟通需求，并使得依靠以买家为基础的对外口碑传播，形成了良性、持续推广的循环。

截至目前，钱宝网、用户与广告商实现了"三赢"的局面，通过承认和兑现用户注意力价值，用户与钱宝网之间形成了强关联，而用户与用户间口口相传的推广方式使彼此之间形成了强社交。

徐婷的脑海中突然涌现出了之前在网上看到的这些内容，随后，她还想起了闺蜜阿娟的创业故事。

对于阿娟来说，成为微商是其职业生涯中最成功的一次转型。过去的两年，从开始接触微商时的单打独斗，到成立了自己的公司，管理着几十人的团队，阿娟在微商的道路上越走越顺。

其实，阿娟的成功只是蓬勃发展的"微商大军"中的一个缩影。2015 年，越来越多的人开始选择投身微商事业。

每天，阿娟都会和员工一起忙碌地分发货物，几十箱的面膜要赶在快递下班前全部投递完毕。在微信上聊天、发货和转账是阿娟现在的生活常态，而这一切都是通过她注册的微信号实现的。徐婷很清楚，2014 年 5 月，在微信朋友圈看到朋友推荐的一款面膜，阿娟在用过之后觉得非常好，于是开始联系面膜的经销商做代理。短短一年的时间，阿娟的收入翻了好几倍。

现在只要打开手机，几乎所有的社交平台都有微商活动的影子，销售的产品也开始从面膜、化妆品等渗透到生活中的各个领域。

对于微商的营销模式，阿娟曾这样告诉徐婷：

刚从事微商的时候，自己只在微信朋友圈卖面膜，每天都发图片展示使用心得，有朋友咨询，就向其推荐。由于一开始只是在互相信任的朋友中售卖，所以销量并不大。但随着越来越多的人了解并转发，阿娟的市场开始在移动互联网上呈现出几何倍数的增长。如今，仅靠一个微信号，阿娟的代理商就有六十多名了。

微商的营销模式大致相同，其核心是一种低成本、高性价比的营销手段。与传统营销方式相比，微商营销主要依靠移动互联网进行线上"虚拟"与线下"现实"的互动，买卖双方建立起一个涉及产品、渠道、市场和品牌传播的高效营销链条，从而实现以小博大、以轻博重的营销效果。

不过阿娟也曾提醒过徐婷，做一名合格的微商并不容易。首先就是坚持，不能三天打鱼两天晒网；其次要不断学习，微商是一个新兴事物，要学习它的规律和营销技巧；最后，还得保持乐观，每个领域的开创者都是饱受争议的，从业者一定要以积极的心态面对周围人的质疑。

徐婷知道，2014 年可以被称为"微商元年"，这一年微商上售卖的化妆品呈现出一种爆发的态势，尽管在发展过程中微商也的确存在着一些不尽如人意的地方：如大量压货、渠道过长、简单粗暴地刷屏等。但瑕不掩瑜，大部分微商都依靠自己的努力和诚信获得了成功和价值回报。

阿娟微信上的一句话让徐婷印象深刻：未来的三年，你一定会和微商扯上关系，就像当年的淘宝一样，要么你是消费者，要么你是经营者。

你适合做微商吗

　　"你适合做微商吗？"当陈老师提出这个问题的时候，徐婷知道，这是陈老师讲课的一种方式，绝不是针对自己的提问。试想作为已经在微商这个行当里打拼了几个月，且已取得了一定成效的她，又岂会存在适不适合做微商的疑问呢！

　　果然，并没有等待徐婷回答，陈老师又开始侃侃而谈："一个人的认知决定着他能走多远，商业亦是如此。把微商看作朋友圈卖货，那就只能简单赚点钱而已；把微商看作建立用户口碑的方式，就可以创出个品牌；把微商看作能让更多人低门槛创业、获得财务自由的方式，那就可以做成平台；把微商看作产销者经济模式下的一种商业，那就能创造一个社会化商业的生态……大部分人看到的都是第一种，而又只有少数人赚到钱，这就是残酷的现实。而越往后看我们越能发现它的美好未来，只是这件事需要耐心与坚持。"

　　陈老师见徐婷十分认真地一边听一边做着笔记，于是继续说道："微商的核心是期望人人参与，但人人参与并不应该是人人销售（卖货）。所以当把它看作人人卖货时，朋友圈完全成了暴力广告区，好久不见的朋友发来微信一看还是广告；本该正常上班赚钱过日子的人却总经不住别人的广告诱惑。很多人冲进微商，希望躺着就能挣钱，但有多少人静下来算过一笔账？"

见徐婷一副困惑的样子，陈老师话锋一转："假定你是一个普通人（绝大部分），微信有 300 好友（作为普通人已经不少了），当你卖一种产品时，假定好友中有 50% 是潜在目标客户，由于是好友关系，假设每月有 30% 的人愿意购买，也就是 45 人，再假设这种产品的纯利是 100 元，也就是 4500 元。就靠这些收入在一二线城市其实挺难生活的，在三四线城市也许还行。但是这是非常理想化的情况，基于产品利润、好友人数和产品普适性等诸多条件，细想一下你真正实现的销售额能有多少？"

陈老师见徐婷又露出若有所思的模样，不由得暗暗点头，继续阐述道："很多微商从业者不清楚，其实并不是人人都适合做微商，或仅通过做微商就能赚到比肩全职工作的钱的。如果你是一个很普通的人，没有资源、没有特长，也不愿意花很多时间来学习研究，也许你只能在微商中挣点零花钱，也就别期望太多了；如果你有一些资源或特长，也许可以通过努力获得比较客观的收益甚至全职做微商；如果你有很多资源或特长就意味着你可能有更大的影响力，那做到月入几万元几十万元也是可能的；如果你再厉害一点，就可以考虑创建自己的微商品牌了，业内这样的案例太多了。总而言之，认清自己，别把期望拉得太高。有句话是这样的，找到自己的世界就会找到真正的自己，同样地，找到真正的自己，微商也会找到你。别相信那些'人人都能成功'的鬼话，除非你愿意放手一赌。"

陈老师幽默的讲述，让徐婷忍俊不禁。她一边微笑着点头，一边认真做着笔记。

"我们知道，从 2014 年的疯狂发展到 2015 年的逐渐降温，微商几乎经历了过山车般的翻腾。可以说，在很多人眼里，'微商'一词已经从最开始的代表一门生意变到了一个让人生厌的词，这个词的背后往往有着忽悠、刷屏甚至是假货和欺骗。在那段疯狂的岁月里，造就了'思埠''俏十岁'等一批新兴的面膜品牌，但是，同时也出现了一大批混乱不堪、质量参差不齐的品牌。或许，就是这些乱七八糟的品牌将微商这副好牌打烂了。时至今日，再回头看看微商的发展，确实不是一帆风顺的。"

徐婷听陈老师讲到这里，脑中再次冒出了一些信息："移动互联网发展到现在，移动电商行业也出现了变局，不再是一家独大的局面。不管是口袋购物还是微店，甚至包括'蘑菇街''美丽说'，都已经通过移动互联网的方式在某个垂直领域占据了自己的位置，没有谁能够称霸。于是，在'三国鼎立'的情况下，各大电商平台 App 为了吸引流量，都在尽量简化操作流程，尤其是卖家的开店成本，运营推广成本。于是，一大波微店出现了。最终，'人人开店、自己做老板'成为可能。"

徐婷清楚地记得，在互联网普及之前，能够当老板的，至少也得是个体户。而作为个体户，你需要场地，不管是做餐饮的，还是开杂货铺的，总要有场地摆摊，以此吸引客人。那个时候，为什么没有"人人都开杂货铺"卖货呢，因为需要一定的成本，还需要运营管理的能力。你至少需要知道哪里人多，哪些货好卖，哪些进货渠道靠谱，怎样与客户讨价还价，等等。

互联网普及之后，省去了各种开店的麻烦，只要动动手指就能开店当老板，于是乎，漫天飞的都是"老板"。可是，这个"老板"，真的能赚到钱吗？其实，仔细想想就知道了。为什么在互联网之前，哪怕是淘宝电商时代，也没有出现人人都当老板的情况，难道是人们不想当吗？肯定不是，因为不管当什么样的老板，都需要满足一定的要求。

想明白了这些道理，徐婷甩了甩头，将脑子里的杂念甩出去，又认真听了起来。陈老师还在滔滔不绝地说着："从淘宝时代开始，直至现在，也不是'人人可以开店当老板'。尤其是天猫，已经变成了邀请制，哪怕你真的是一个百万富翁，都可能无法进入天猫。我们回头看看微商，80%的人都卖的东西都是同一类目，而且其中的80%又是同一品类的东西，不是面膜就是排毒减肥产品。对于微商的运营模式，大家现在也应该很清楚了，无非是代理制，稍微好点的，再加点分销制。

每年"吸金"无数的天猫商城

"既然都成了老板，那谁来消费这些产品呢？想得明白点的人，会这么认为，中国人这么多，微商也只有1000多万，消费者多了去了。但是，真正懂得消费者心理的人，其实早就闷声发财了。这些人，就是你所进货的最顶端的上级。只是对于最低端的你来说，几乎触摸不到这些人，你只能每天听着、看着打鸡血式的培训，自娱自乐。"

那么，到底哪些人是真正适合做微商的呢，或者说，是适合在社交网上做生意的呢？

1. 社交达人

这类人很早之前就有了，其中，大家最熟悉的可能就是"微博大 V"了，尤其是明星，粉丝都是几百万上千万的。他们发一条消息，转发和评论量都会很多，所以，传播的效果就会很好。

2. 普通"大 V"

虽然在粉丝及影响力方面没有明星那么大，但是，在局部范围内，肯定是有一定影响力的。比如"段子手"，他们在段子领域，基本已经无敌了；又比如，护肤达人，在分享护肤经验方面，已经有很多的粉丝，他们对各种护肤品也是了如指掌，甚至对女性心理的解读也很到位。所以，当他们长期专注于这方面的研究并与粉丝进行互动，当粉丝数量积累到一定程度，就会得到大家的认可。尤其是那些擅长互动、言谈亲切，没什么距离感的网红，更会得到粉丝的"拥戴"。当他们得到粉丝的认可之后，再进行电商化的发展，顺理成章，效果也不会差。

3. 具有一定技能的专家

假如你不是网络红人，但是，刚好是化妆品类的深度研究者或者爱好者。那么，你在微信上卖护肤品肯定也不会太差。不仅仅局限在护肤品上，在某些专业技能上也是可以的，这部分人卖的多半是服务。比如，教 PPT 的秋叶大叔就是提供服务的，他专门讲一些制作 PPT 的方法与技巧。

其实，第二三类人群和社交达人也不是完全割裂的。试想，一个微博或微信粉丝都是"0"的号，怎么与外界进行互动？所以，换个角度想想就能知道，能够做到几百万粉丝的博主，肯定在营销方面有很强的能力。

最近的案例就是代理制的发展。为什么很多代理会在微信上获得长足的发展，就是因为很多网络营销炒作高手进入了微信，他们以卖梦想、赚大钱的营销理念让很多人深陷其中，结果不过是一场自娱自乐的梦。最终，他们赚钱了，而你可能亏得朋友都没了。

所以，在 2016 年即将结束的时候，如果你未来还想做微商，那就应该好好想想，自己是不是符合以上条件，如果全都不具备，那还是选择老老实实上班吧！或许选择开个淘宝小店，每月能刷几单，也比做微商不停地盲目刷屏，让朋友感到厌恶要好。

微商快速上手的三大步骤

"怎样才能快速成为微商呢？"陈老师继续着他的自问自答。

随着微信的火热兴起，微信上面聚集了大量的人群，加上做微信营销的门槛很低，很多人都纷纷加入了微商行业，有的卖家开起了微信小店，有的就在微信朋友圈里做营销。其实，想快速上手微商，主要有三大步骤：

1. 微商货源怎么找

我们想要找货源，首先得确定自己适合做哪方面的产品，人群定位是怎样的，这样我们才能够确定我们的产品风格、价格范围等。确定好这些后再来看看什么产品最适合在微信上销售。大家现在都知道面膜是微信上卖得最好的产品了，这是属于化妆品类的，其次是一些鞋服类产品。

这些产品卖得火的主要原因是需求量大，像面膜属于一次性产品，用完了就得再次购买，而鞋服类则是大家生活中都要使用到的东西。我们在确定产品的时候也要根据这两点来选择。

微商的长销产品：面膜

找货源的时候，刚开始最好是能够争取到一件代发的上家，这能够为我们节省下不少的时间与精力。等到我们有了稳定的客户群体之后再进行批量进货，这样才不容易造成损失。至于货源，我们一定要保证的就是质量，最好是与有国家资质和检验合格报告的厂家合作，这样才利于我们的长远发展。

2. 微信如何吸粉

微商的营销方式总地来说可以分为：微信公众号和朋友圈，这两种营销方式之间其实存在着很大的关联，营销的主要目的也都是为了吸引更多的粉丝或朋友，在此基础上再进行产品推广。吸引粉丝的最好方法就是写文章，让文章在微信里面得到大量的传播，这样我们的公众号和微信的人气自然就高了。

如果我们写不出质量高的文章也可以慢慢来，假如我们是做化妆品的，那就不妨时常发一些有关美容的信息，慢慢地也会积累一定的人气。等到我们的粉丝或者朋友数量足够多时，我们就可以推广自己的产品了。除了能在微信上面"聚粉"，我们还可以到微信之外的平台上去"聚粉"，这里就不多说了。

3. 微商如何做营销

有了粉丝之后我们就可以推广产品了，推产品的时候最忌讳的就是刷屏，没有人喜欢整天看广告的，因此，一天推产品的次数最好不超过三次。我们更多的是要给粉丝一些实用的信息，等他们的黏合度足够高了，自然会向我们咨询产品。如果有微店的话，我们还可以在微信公众号上挂上微店的直达链接。

当然，做微商是很讲究营销方法的，具体采取哪种方法，需要我们在实践中多多留心，仔细琢磨，从而找出最适合自己的一套方法来。

陈老师讲到这里，喝了一口茶润了润嗓子后，这才继续他的课程。

要使微信卖货轻松，其诀窍在于：微商是建立在熟人圈信任的基础上的，产品质量比任何推广技巧都更加重要，只要有好产品，产品效果好，不管你用多么笨的方法，都可以慢慢地做起来。

既然每个人都不喜欢看广告，所以在微信上宣传的时候，应该尽量避免赤裸裸的广告，不要只知道刷屏，关键是要分享自己的真实使用感受，这样自然可以做到"不销而售"。

开发一个新客户非常难，所以要好好地利用老客户资源，多和他们交流，和他们建立良好的关系和牢固的信任基础。这样可以让他们为我们的产品做口碑推广，在他们的朋友圈做分享，放买家秀图，这样一来就可以带来很多新的顾客，制造出更多的销售机会了。

自己的能量是有限的，想要在微商领域获得成交，做出更好的成绩，关键要把利益分出去，才能吸引更多和你同频共振的人来一起做，参与的人越多，就越容易获得成功。

微信营销做的就是粉丝营销，没有足够的粉丝，很难保证稳定的收入。所以首先要解决粉丝的问题。怎么增加粉丝，有哪些方法可以快速地吸引到更多的粉丝呢？

陈老师看了看认真听课的徐婷，带有总结性地说道："方法其实有很多，比如点赞活动、推荐好友送礼活动等。如果你想学到更多的微信吸粉技巧，需要努力，更需要一定的悟性。比如，多上网看看一些好的案例和文章，多向别人学习，也可以跟同行交流，毕竟大家都是做微商的嘛，有过来人带你入行那就最好了。具体的操作方法呢，我们后面再详细说。"

如何成为一名优秀的微商

"如何成为一名优秀的微商？"陈老师说道，"微商，字面意思就是微信上面的商客，简称微商。微信大家都很熟悉，如今手机已经普及，人手一部甚至都不止了。而互联网一直飙升到 4G 网络时代，智能手机成了移动电脑。各种移动 App 占据着你的手机屏幕，微信除了让我们沟通得更加便利，还成为了一个强有力的营销工具。利用了它的这一特点，微商应运而生。"

我们现在可以看出微信上有很多人都是做微商的，每天都在朋友圈里"晒"各种产品，有的甚至不管大家需不需要，用不用得到，直接来一个群发，说实话这种做法真的很烦。而且有很多做微商的人根本不知道怎么选择产品，也不知道怎么寻找目标客户。

说到这里，陈老师给大家讲了一个微商从业者的成长故事或者说是一个穷小子的逆袭故事。

　　邱荣胜，一名普通的乡下少年，因为家境贫困，年纪轻轻就开始闯荡社会，他不怕吃苦，也经得住委屈，更把挫折当成长的阶梯。他一直醉心文化，崇拜圣贤，信仰忠义，很早就立志要传扬中国的优秀文化。

　　几年前，因缘际会，邱荣胜接触到了文化教育这个行业，他敏锐地从棋、琴、书、画、诗、酒、茶中寻找商机，靠着自己的勤奋与天分，凭借着不服输的个性与拼搏之心，很快地，邱荣胜就在业内闯出了自己的一片天地：在河南建立了第一家天香茶艺培训学校，用不到三年的时间在全国开设了二十多家分校。天香茶艺培训学校，已然成为河南省最大的茶艺人才培养基地，中华茶文化传播第一品牌！

　　2014 年，"大众创业、万众创新"的呼声愈发高涨，移动互联网方向的创业项目更是如雨后春笋般蓬勃发展，此时的邱荣胜却再次以异于常人的思维发现了另一个新兴行业：微商。那时的微商，远不及现在的发展规模，社会上绝大多数人连听都没听说过，很多人即使听说过也都持着怀疑态度，而那时的媒体对微商也鲜有正面报道。邱荣胜却认为选择微商，未来一定大有可为。当时，很多人劝他，甚至连妻子也表示反对，但邱荣胜执着地相信自己的判断，最终，他作为茉莉亚联合创始人，搭上了微商这趟快车，迅速扩大了自己的事业版图。

　　风雨之后，更见彩虹。目前，邱荣胜身兼数职，他是善财天下集团董事长、文化复兴金融强国富民之路的发起人，是天香集团总经理，还是互联网金融创富系统工程师。

路漫漫其修远今，从一名普通的乡间少年到现如今成功的企业家，邱荣胜的奋斗经历，走过的路，或许用他自己姓名写的一首藏头诗进行总结更为合适：

邱风掠过万重山，

荣光四射溢满天。

胜似豪杰多才志，

锦绣人生活神仙。

要想成为一名优秀的微商，要把握以下几点：

1. 作为微商要懂得如何去选择产品

那么多产品，你知道怎么去选择吗？当微商面对这个问题的时候，70% 的人的答案是：我也不知道要做什么产品，就先拿 ×× 产品试试呗！

如果连自己做的产品都不熟悉、不清楚就想做营销，这有点像在开玩笑吧！

我们建议选择产品是这样的："如果十个人里有八个人听过，六个人在做，那你就不要做这个产品了。"

你肯定会问："为什么，这不是有卖点吗？"

我们的答案是：市场已经打开的产品，你再挤进去，会非常累，不仅竞争大，还会有假货争抢市场。再热门的产品，你也只能喝点汤。要选那些市场还没有彻底打开，但必须有前景的产品。这样，你在市场彻底打开前，就能先行占据，有可能会吃到第一口肉。同时，选择的产品宜精不宜多，原因如下：

（1）产品太多，每天都要频繁更新。

一天更新几十条朋友圈，花这么多时间干吗不直接开个淘宝店铺呢？

（2）产品太多就难以有主打产品。

没有主打产品就很难令顾客印象深刻，于是产品也就没了亮点了。

（3）产品太多，就没有精力和好友进行互动。

你总得让好友感觉受到了尊重吧，并且乱中还容易出错。

（4）产品太多，微信内容就会空洞无趣。

多，就没有时间用心去编辑每条内容，反而容易变成简单重复的内容发布。专一才能用心。这一点，我相信广大网友最容易感受得到。

不要把自己的账号做成一个杂货铺子，什么都想做！如果你真想这么做的话，那么你不如去开个淘宝店。

2. 如何在微信上进行营销

产品选择好了，那么如何才能把东西推广出去？

很多人的答案是想法让更多的人过来主动找你，这叫引流，的确没错，那么又如何让更多的人来找你，如何有效推广呢？很多人的回答是："在各大网站、论坛上发帖，等等。"我相信十个人里面，有八个人会这么做。去各大论坛发帖、发广告，说自己的产品如何好，然后再留下个联系方式，让别人来找你，招代理，对吧？

我们在进行营销和推广的时候，要学会将心比心。你看到这样的帖子会仔细看吗？我想大部分人会连点进去看的冲动都没有。用普通的方法，大家都会，但要做到能赚钱就不容易了。八个人都这么做，那么只有剩下的两个人才能赚到钱。

做生意一定要学会逆向思维。你想要说什么，表达什么，你就得学会隐藏什么。你心里想的是"快来买我产品吧，这是我的微信，这是我 QQ，快来联系我吧！"那你发布的信息里就不能涉及你的产品和联系方式。

举个最简单的例子：你加入一个微商群，想让里面的人加你好友。你会怎么说？我相信你随便进哪个 500 人以上的群，里面必定会有人发广告。他们的目的都是让别人加好友。我们也是这个目的，但是不能打广告，打广告是最低级别的做法，还可能被群主"踢"出去。

如果我们采用逆向思维在群里说一句："我是新人，求货源，新人求带……"我相信马上你的微信或 QQ 就会响起来，你一天加几个群，隔两小时就去发一条，一天就能加上百人，这才叫高效引流。这个时候又有个问题出来了，有人会问，我加那么多同行干吗？

同行怎么了，我告诉你加同行的两大好处：

（1）同行跟你一样，会想方设法地卖产品。这个时候很多资源是共享的。例如一些段子，你套换成你的产品信息就可以发出去了，这些都是免费的资源。其实很多做微商的人很有才的，经常编些有意思的段子，有些的确是可以引人共鸣的文字，换个角度看，这些都是宝贵的财富。

（2）当你们经常互动时，信任感产生了，同行也可能会转化为你的代理。有些代理会同时代理好几个产品，如果你的产品好，他多代理一个也无妨啊！如果他只做一个产品的代理，我再问问你，做代理是为了什么？是为赚钱呀！如果他跟着自己的领导一直不赚钱，肯定会想着换产品。如果你的产品好，又能赚钱，他当然有一定的概率会转化成你的代理。同时，他有经验，你不用重新带人，比找新人更好，当然，前提是，你得做好自己的产品。其实微商有很多种玩法，就看你会不会玩了。

3. 微商告别朋友圈

我们前面提过，很多人的朋友圈里都是各种产品介绍泛滥成灾，坦白地讲，真的很烦人。陌生人估计直接就把发广告的拉黑了，可能由于你的个人魅力，有些朋友看在交情的份上不忍拉黑你。

但古话有云，一忍再忍，无需再忍，如果情况没有改观，最后难免被直接打入最深渊——黑名单。如果不停地刷屏，总有一天你会发现，伤了感情却没有带来任何效益，那时候就只剩懊悔了。

一定要记住，朋友圈是一个相对密闭的空间，你发的信息除非别人屏蔽你，否则绝对能占据别人的屏幕。那到底怎么做呢？首先必须得包装。我建议大家可以考虑注册小号做微商，毕竟普通账号下的朋友圈里肯定有自己的同事、朋友，甚至是老板。如果在自己朋友圈做兼职卖产品，你的老板看见了是不是不太合适呢？

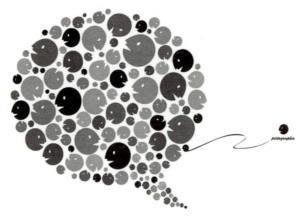

热闹的朋友圈

　　我的建议是：首先你刚开始肯定得先忙两天，为什么，你得注册一个小号，像我刚开始操作的时候，朋友圈里没有一个人，在运营了 15 天之后，成交额接近 3 万元，招收了 10 个代理商。不要相信什么加粉软件，很多都是偏门，也可能是骗人的。

　　既然想做好，就一定在开始的时候把工作做到位。

　　有一个最简单快捷的引粉方法。我们以售卖化妆类产品为例。大家应该都知道百度贴吧，里面有个化妆吧，在化妆吧里面活跃着的一般是两种人：第一种是做广告的，第二种是对化妆感兴趣的。不管哪种人其实都对你有用。为什么？做广告的呢，我们前面讲过了，这算同行，是可以转化成代理的；对化妆感兴趣的呢，基本就是你的潜在目标客户了。接下来就应该考虑如何吸引粉了。

　　举个例子。新浪女性网里面有一个美容护肤专栏，里面有很多可以借鉴的广告软文，你按照相关思路写好文章，然后去百度贴吧里发帖子。文章的题目一定要引人注目，甚至可以夸张一些。刚开始肯定没人理你，那就需要自己去顶帖。如果文章写得确实不错，那肯定会有人来看，坚持两天之后，就一定会吸引来一小部分粉丝。

当你有了"基础粉"之后，接下来就好做了，知道什么是复制的力量吗？接下来，你先注册一个公众账号，注册公众账号的方法网上就能找到，按照教程操作就好，也就是个把小时的事，不用找人帮你注册，那些都是骗钱的。

当你开通了微信公众号的时候，你要做的就是，把这些基础粉引导到公众平台上。然后要做的就是挖痛点、补良方，这是什么意思？还是举一些化妆品的软文例子吧！

"你还在省钱吗？你还在眼睁睁地看着自己年轻脸蛋上的光彩逐渐消失吗？你还在为了生活每日每夜面对电脑而毫不注意自己的皮肤吗？难道你不知道，你的老公其实更喜欢皮肤光滑的你……"

网络时代，没有一种营销方法可以长久使用。这就需要我们不断地创新、改变。

"好吧，今天的课就讲到这里，以上内容你可能需要好好地消化消化。"陈老师端起茶杯，将里面的茶一饮而尽，这才迈着他那独特的八字步，不慌不忙地往门外走去。徐婷怔怔地看着他的背影，脸上露出了沉思的表情。

第2章

Chapter Two

—————• 微商时代创业的突围之路 •—————

微商如何给自己定位

"叮咚——叮咚——"顽强的铃声，终于将沉睡中的徐婷闹醒了。

"讨厌，谁这么早打电话啊？"还在朦胧中的徐婷，伸手从枕头下拿出电话一看，奇怪，没有人打电话来呀，正困惑时，"叮咚"之声又响了起来，原来是门铃声。

"谁呀——"徐婷不耐烦地问道。

"婷婷！婷婷！快开门，怎么按了老半天了还不开门！"门外有人大声喊道。

"小燕子，你这鬼丫头，你不知道扰人清梦无异于谋财害命吗！"徐婷跳下床，一边说着，一边开门。

圆脸大眼的肖燕提着一个塑料袋走了进来："婷婷江湖救急！你赶快洗漱一下，我给你带来了你最喜欢的豆浆油条，快吃啊！吃完我有事找你帮忙。"

"切！"徐婷翻了个白眼，"你求我帮忙，态度能不能好一点。"

"好啦，好啦，我求你啦，动作快点啦，我的时间很紧张的。"肖燕不得不服软。

"嗯，看在豆浆油条的面子上，我就饶过你这一次。"徐婷匆匆洗漱完毕，又三下五除二地消灭了早点，这才问："到底有什么事，你这个大主持现在可以说了吧！"

肖燕说："是这样的，昨天台长给我下了一个任务，让我今天主持一个有关微商的节目，根据台长的意思我列了一个提纲。可是对于微商，我完全是外行，一窍不通，所以就必须要请教你这个专家了。"

"我可当不起这个称号！"徐婷笑着道，"好啦，到底有什么问题快说，看我能不能回答一二。"

肖燕立即将身子一端，正儿八经地问道："第一个问题：微商如何给自己定位？"

徐婷稍稍思索了一下，就开始了她的讲述。

如何定位是一个很关键的问题，作为一个成功的微商，如果没有清晰的定位，就不会有正确合理的目标。因此，我们可以从以下五个方面中的任何一点出发，来找准自己的定位。

1. 你的兴趣是什么

共同的兴趣爱好，是连接你和陌生人的重要通道。你对某一兴趣越执着、越坚持、越有所成就，就越容易吸引和你有共同兴趣爱好的陌生人。有了共同的兴趣爱好做基础，你和陌生人之间才更有可能建立起兴趣之外的其他联系。

举例：某时尚女郎，她热衷于钢管舞学习和表演，业余时间混迹于各种钢管舞交流场所，结识了很多同样对钢管舞热衷的时尚女郎、教练、爱好者等，线上线下的人都有。因此，当她后来开始做微商的时候，这些因为兴趣聚在一起的"舞友"就成了她的第一批客户。

其实，做微商就是做"强关系"。现实里的"强关系"毕竟有限。很多成功的微商，在起步的时候，微信朋友圈不过 50 人、100 人。他们通过兴趣爱好这一通道，迅速地把"弱关系"转化为"强关系"，所以，才会越走越顺当。

因此，请务必明确你主打的兴趣爱好，好好地发展它、维护它，让陌生人第一时间给你打上一个标签，而不是雁过无声、雪过无痕。

2. 你擅长什么

做你擅长的事，最大化地发挥你的天赋，才能突出你的优点，让其他人加深对你的印象，事半功倍。你仔细回想下，在你还上学的时候，永远只有几类人能给同学和老师留下深刻印象。

要么就是学习成绩特别好和特别差的（擅长制造低分），要么就是在某一类事上特别突出，比如特别会跳舞，篮球打得很棒等。

在某种意义上，你擅长的可以成为你的兴趣爱好并散发出魅力为你加分。比如，你擅长制作视频和主持，那么你把精心制作的相关视频上传网络，是不是会吸引来更多的陌生人？

朋友圈的强关系带来更多机会

另外，你所擅长的事，可以更好地帮助他人。微商强关系的建立中，还有什么比得上通过帮助别人建立起来的强关系更牢靠的呢？如果你希望把微商做大做强，就必须能够给予你的买家和下级经销商帮助。从这个层面上来说，微商，必须是在微层面也就是细节上对他人有所帮助的商人。

3. 你具有哪些技能

技能是可以通过后天学习获得的，在你还没有精通微商的各种实操技能的时候，请务必保持谦虚，持续学习，快速地应用并不断修正。

怕就怕，抱着"我什么都不会"的心态，一直磨洋工。

在这一点上，你要明确你的定位，是初学者，还是小有成就，还是"大咖"。说到底，你必须明确自身定位，就是把自己已经掌握的技能，最大化地应用到微商的实际操作当中来，同时不断学习。

举例：你会那么一点 PS，会那么一点视频剪辑加工，那么，应用起来，把你的创意注入你的技能当中。虽然刚开始的时候，可能做出的东西会显得粗糙，但是，谁会在乎这点瑕疵呢？你的技能就应该为你的想法服务。

4. 现有条件下，你可以做什么

切忌盲目地发帖求助。如果盲目发帖问别人的意见，一是命题太大，即便是有心帮助你的人也无法给你明确的指导；二则暴露了你内心无主见、无想法，更暴露了你没有执行力。

所以，从现实出发，做你能够做到的。立马去做，观察效果，然后再求改进。

举个案例：

宝妈 A，家在成都，带 4 岁小孩，无业。家庭收入尚可，想做微商贴补家用。她列举了自己的各种情况，如当前朋友圈人数、构成、消费能力等均一般；自己的兴趣爱好是烹饪，还懂一些设计（结婚之前一直做平面设计），有 iPhone、单反相机、台式笔记本电脑和 iPad，还一直经营着一家淘宝小店，每月仅有三四百元的利润，自己的父母则退休在家。

这时，这位女士可以选择利用自己的兴趣爱好烹饪，在征得父母同意后，在他们的帮助下推出了一款川菜。菜品在口感上经过了打磨，以尽可能地争取得到大多数人的认同。

经过三四个月时间的朋友圈试营业，这位女士的朋友圈人数维持在千人左右，其售卖的川菜纯收入也有三四千。而且，在维护朋友圈的过程中，她逐渐结识了一些做微商的朋友，现在顺带着售卖唇彩，收入较为可观，渐有超越售卖川菜收入的趋势。

5. 你在团队中是什么角色

这是一个可选项。如果你加入了一个团队，就必须明确这一点。此处仅作简要阐述，那就是你必须明确自身在团队中的角色，是"男神"还是"女神"，负责的是培训、策划、推广还是客服？这些角色各自侧重有所不同，要做好选择。

无论何种角色，你必须以创业者的心态为团队服务。

如何重视个人品牌

听完徐婷的阐述，厘清了自己的思路后，肖燕又抛出了第二个问题："如何重视个人品牌？"

徐婷对这个问题似乎很熟悉，当即就作出了回答：

"根据我的观察与总结，我认为打造品牌微商有以下几种途径。"

1. 寻好货

换种说法就是要有好的货源，不管是自营还是代销，好货源是做好微商的前提。微商最怕的就是一锤子买卖，最忌讳的也是这个。什么是好货？好货不等于价格便宜，也不是普罗大众习以为常的产品。它一定是有品质保证，并且有着自身属性或地域属性的用户喜闻乐见的产品，它和传统的好货源其实没什么区别，最大的特点在于通过平台来做分销。

微商做爆款，分销是最好的销售渠道。只要借助平台，贯之以"首发""独家""一手"等促销字眼，加之相关的活动作辅助，一个品牌很容易就会形成口碑效应。目前虽然有些微店迈出了这一步，但做的并不是很好，那些简单便捷，专门做一手货源的微店可能反而更好做。微商做爆款比淘宝做爆款更容易，PC 时代的淘宝，商家只能通刷广告、直通车和刷单等形式打造爆款，而在移动电商的社会化媒体上，营销的方式都可以推倒重来。

2. 卖情怀

微商的"人—商品—人"的交易法则改变了传统电商的"商品—人—商品"的购物流程。既然购物主体发生了变动，那么售卖的方式必然会跟着变动。移动电商实现了人与人的直接连接，互不相识的人通过某种传播介质就能实现对等交流。在交流和沟通的同时，情怀不自觉地就充当了一种商品的角色，久而久之这种情怀就会成为另一种溢价。

熟悉锤子手机的人几乎都熟悉"我卖的不是'锤子'，是情怀"这句话。尽管"锤子"最后不得不低价贱卖，但是"锤子情怀"确实感动了不少"罗粉"。未来微商的品类中，很大一部分产品将会是"非标品"，对于非标品类的产品，卖情怀是塑造品牌的最佳方式之一。

3. 讲故事

在微商里讲故事分为两种：一种是人物故事，一种是产品故事。对自己产品自信的人就讲产品故事，不自信的人就讲人物故事，有的两者兼顾。这种故事题材的主角要么是大学生、妈妈等群体，要么是小微创业者、都市白领。故事结构一般为创业的历程、屌丝的逆袭、对炫富的嫉恨，等等。

品牌的力量非常强大

但我们认为，相对于讲自己，倒不如多说说产品。只有真正为用户提供了有价值的产品，才能获得用户的认可和品牌的积淀。移动电商时代获取用户的成本越来越高，这就要求产品和故事能在第一时间打动人。产品故事怎么包装，怎么营销，怎么将故事转化为销售额，这是微商们应该考虑的。每一件产品都应该有自己的故事，哪怕这个故事是虚拟的，至少也代表着创业者的愿望。

4. 用广告

品牌离不开广告，再大的品牌也不例外。淘宝、京东这些电商大鳄，每年临近"双十一"的时候都会大手笔砸重金做广告。像"俏十岁""韩束""思埠"这些专门走电商渠道的产品，哪个没在广告上下血本？在这个一切广告皆产品，一张图、一句话都可以风靡网络的时代，我们就更应该在广告的内容价值和传播价值上下功夫。

通过以上方法，微商从业者总能找到适合自己的一条路，塑造出恰当的个人品牌。

如何找到适合自己的产品

当肖燕提出"如何找到适合自己的产品"时，徐婷不由得笑了起来，这个问题正好是自己目前研究的课题，稍作思考，她就侃侃而谈起来。

做微商，说起来无非就是做两件事情：第一是选好产品，第二是销售好产品。而其中最关键的就是如何选好产品。徐婷给出了以下几条建议：

1. 分析草根微商现状

如果多关注朋友圈，仔细分析现在草根微商产品的销售现状，就不难得出以下结论。

（1）以单一品牌或单一公司的产品销售为主。

这类微商相对最为聚焦，朋友圈的内容基本绕着单一品牌的产品打转。比如几个知名品牌的面膜销售就属于这类情况。大家卖来卖去，都是围绕着品牌做文章。

（2）单一概念下的多个品牌或产品。

比如主打护肤概念，那么这些微商可能在卖面膜，也可能在卖爽肤水、面霜。就算是单一卖面膜，也可能同时销售好几个品牌的面膜产品。

（3）多产品、多品牌的多概念杂货铺。

朋友圈里乱七八糟，感觉什么产品都在卖。今天还在卖衣服，明天就开始卖零食，后天又开始卖面膜了。

2. 分析微商的核心优势

在朋友圈里卖产品，有些人怎么努力都不成功，有些人稀里糊涂就赚钱了。如果我们想要获得成体系的、持续性的成功，就必须想清楚微商的核心优势在哪里。

（1）核心优势在于信任关系。

和淘宝、天猫、京东相比，微商的缺陷在于缺乏健全的店铺评价体系（比如淘宝的店铺等级）。也就是说，陌生人进店之后是没办法通过系统直接判断你的店铺可不可靠、产品好不好的。那么，在这种情况下为什么很多人还是能把产品卖出去呢？

原因我们在前文已经提到过，给很多微商捧场的人是他现实中的真正朋友。他们来购买产品，不是基于对你"店铺"的信任，而是对你个人的信任。

（2）核心优势在于利润率和复购。

大部分微商朋友圈的好友数量其实并不多，却可以达到月入过万，为什么？

首先就是产品的利润率足够高（因为客户的数量一开始并不会很多），其次就是必须要能做复购。如果不能形成复购，把朋友圈转化一遍就基本上没有第二轮生意可以做了，就算一开始赚钱再多，也难以为继。

我们回过头来看，为什么面膜、衣服、零食之类的产品在朋友圈卖得最好，无非是因为这些产品不仅有足够高的毛利率，还属于可以重复购买的产品。

3. 哪些产品适合通过微商渠道销售

把前面两点吃透了，接下来的第三个问题也就不难回答了。

首先说产品策略。显然，多品牌、多概念、多产品的杂货铺形式在微商基本是行不通的。这种模式，乍一看上去好像产品足够丰富，比较好做，其实恰恰相反，原因有下面几个：

（1）多产品模式代表每一个产品你都没法进入核心领域，难以拿到足够低的进货价格，从而你的利润率自然就难以保证了。

一般要实现较低的拿货价，供货商方面都对拿货量有要求。很多做"杂货铺"的微商，其实做的都是一件代发业务，利润率低得可怜，多而杂反而赚不到钱。这一类微商其实很多都是新手，完全不懂微商，又不敢投入，不敢把资金和精力都集中到同一个产品上去。他们做一件代发，与其说想赚钱，更多的是想通过这种方式试探市场。

（2）多产品模式是难以聚焦客户的。

多产品模式会导致你的店铺形象模糊，带来的结果不是转化率的提高，反而是降低。如果想从事多产品经营，就一定要配备足够的流量和目标客户才可能成功（这也是京东等综合类B2C要拼SKU数目的原因），但这一点却成为了微商的一个最大短板。

　　所以，对大部分草根微商来说，要么聚焦一个品牌，要么聚焦一个概念。但是聚焦概念（比如护肤或养生），操作起来的难度相对比较大，投入的金钱成本（主要是拿货和客户培育）也很高，并不合适。最恰当的做法其实还是跟紧一个品牌。

　　显然，综上所述，不是所有产品都适合通过微商销售的。一般来说，想做一个可持续发展的生意，那在产品的选择上必定应该符合如下几个情况：

　　第一，主要通过自己销售产品赚钱，也就是不招代理。

　　如果是这种情况，那产品必定要选择受众面广的（但这点非绝对，下面会进行解释）、复购率高的（即更新换代快的或消耗性的），以及毛利率足够高的产品。

　　第二，一边销售产品，一边招代理，通过不断增加新的"业务增长点"来实现盈利。

　　在这种情况下，品牌方的影响力和其在微商运作上的投入及经验就非常重要了。大品牌往往舍得投钱做宣传，微商在铺货的时候不但更省心，也更好招代理。

　　除此之外还有一种情况，是一部分人销售的小众产品，如珠宝、皮具等奢侈品，或是茶壶文玩等小众产品，这部分微商中同样有人做得很成功。

4. 如何选择最恰当的微商产品

　　在梳理了这么多要点之后，究竟该如何选择最适合自己的微商产品呢？

（1）分析自己的微信好友情况。

对于大部分缺乏足够经验的新人来说，最合适的切入方式就是根据自己微信好友的情况来选产品，而这又关系到从业者的职业、特长、兴趣和爱好。

举个例子，如果从业者本身是个篮球爱好者，微信圈里很多人都是同样的篮球爱好者，那么以篮球及周边产品就可以作为一种选择。

再如从业者的职业是自由站长，同时加了很多站长作为自己的微信好友，那么这些站长们需求的产品，就是做微商时一个比较好的切入点。

一个很普遍的情况是，大部分人的朋友圈可能都比较混乱，没有一个特别明确的指向性。在这种情况下，做一些大众型的消费品就成为最佳选择。比如面膜，只要是女性好友便有可能成为潜在客户；又如零食、服装之类，都属于这类情况。

（2）分析自己能够整合的货源。

方向确定了并不意味着就搞定了一切。很多时候你明知某个产品是最适合朋友圈需求的，但是由于找不到好的货源，操作起来也是非常困难的。

比如有个文玩爱好者，他有上千个"同好"微信好友。但是如果要操作文玩项目，投入的资金非常大，而且很难找到真正优质的货源，所以就算方向再好，不好操作的产品也是无法落地的。

选产品的时候也要考虑朋友关系

所以，选产品的时候，最好的方法就是把自己的好友情况和自己掌握的资源情况结合起来分析，并从中找到切入点。

在具体分析的时候，如果出现困难一般可以分为以下两种情况：

首先，确实是资源的积累不够，那么只能说在这个时间点上你可能不适合做微商，就算很努力地去做了，两头不靠的情况下是很难做出成绩的。

其次，很可能是资源整合的方法不对。寻找货源的方法有很多，比如说实地考察，朋友介绍和网络寻找等。你要问问自己，是不是都尝试过了，还是浅尝辄止而已。

其实，在信息化如此发达的社会，大部分人只要用心去寻找，再加上方法对路，总能找到一些适合自己的产品。

5. 如何辨别品牌或产品方的实力

绝大多数情况下，很多人进入微商行业都是有人主动推销或自己看到广告的，也就是说，是在品牌方或代理的主动吸引下加入的。在这种情况下，是否加入就取决于这个品牌方或产品方的实力及与从业者的匹配度了。

是否选择加入某个团队，代理某个品牌，一般需要考虑以下几个方面：

（1）产品是否适合。

具体分析参见上文。不适合自己的产品，再著名的品牌都不要去尝试。

（2）产品质量。

如果产品适合，你也有些动心了，那很简单，就自己去买一点产品来看。看什么？外包装、产品的质量、使用效果等。只有自己亲自见证才能确认质量，不要盲目相信广告和宣传。

（3）毛利率。

比对零售价和供货商给的价格政策，从而计算出毛利率。如前文分析，如果毛利率太低，单品绝对价格太低都不适合去做。毛利率在30% 左右就可以了。不能太低也不能太高。毛利率太高的产品，如达到100%~200%，你就需要担心产品质量了。

（4）品牌的影响力。

你需要考察品牌在宣传推广方面的资金投入及推广经验。简单点说就是，品牌方会不会玩微商，这一点很关键。如果品牌方作为总发起人都不会玩，上层的力量太小，下面的人再努力也很难有好的结果，或者说投入产出比太低了。

除了以上四点之外，我们还需要注意的是大部分人都很难直接成为厂家的代理，往往都是和厂家的各级代理合作。所以你选择成为一个品牌代理的时候，也就意味着加入了原有的一个代理团队。因此，对新手来说，除了拿到好的产品之外，很重要的一点是如何把产品卖出去。此时，你加入的团队是否愿意帮助你，他们自身的能力如何就显得很关键了。

团队的作用体现在哪里？主要是销售技巧和销售方法。面对问题时，团队成员间能够进行头脑风暴，共同解决。

讲到这里，徐婷总结道："基本上，如果能把上面的东西吃透了，我相信你就能明白该如何选择适合自己的产品了。"

如何做好内容营销

肖燕的问题也是一环扣一环，徐婷刚讲完产品问题，她就又开始请教"如何做好内容营销"了。好在这些知识徐婷早就烂熟于胸，因此经过一小会儿的思考，徐婷就又开始侃侃而谈起来。

如何做好内容营销，这其实是个十分宽泛的问题，答案也是仁者见仁、智者见智的，但站在我的立场上，我认为要坚持以下三项基本策略：

1. 打造你的知名度

常见的方法是发表一些容易在网友中引起传播的内容，这样你就有可能接触到更多的潜在客户。

2. 找到你的受众群

就像我们之前说的那样，通过在其他平台或社会媒介上持续地发表一些内容，你的知名度就能得到很大的提升。慢慢地，你就会积累下一部分粉丝，其中的一部分人，甚至可能成为你的"铁杆粉"——无论你把文章发布到哪里，他们都会想方设法地找到它、传播它。这样一来，你就获得了更高的曝光率，有可能吸引来更多的潜在客户。

3. 内容一定要接地气

这一点甚至可以说是前面两条的基础。不仅要言之有物更要与粉丝打成一片，不管他们是有影响力的还是没有影响力的人。单纯的"鸡汤文"已经越来越不受欢迎了，单纯地"卖情怀"也已经很老套。多参考那些传唱广泛的软文，从中找到适合自己的写作方式。

把以上三项基本策略贯彻好，是做好内容营销的关键。其实微商从业者如果想仅凭几个全职工作人员就要实现新的内容营销是不太容易的，你将不可避免地受到资源上的限制，并不得不要求相关执行人员证明内容营销的价值，这一点非常困难。要想在内容营销这场"战役"中取得进展，从简单的投稿文章开始或许是最好的方法。

微商一定要做好内容营销

　　为了能够顺利推广以上三项基本策略，你可以选择一个较为权威的网站上写一个专栏，以此接近你的目标客户。发表一切能帮助别人解决问题的内容可以帮你建立一定的声望，你的知名度会因为一些简单的内容而不断提高。在具体的操作过程中，你会得到一些启发，比如把相关文章放到正确的位置会如何影响你的观众增长量。

　　最后，如果你能回应一些相关的评论或者问题，同样会让粉丝觉得你是个很好的人。

　　运用社交媒体提高知名度是一个不错的开端，另一个比较容易上手的方式是借助社会媒体。就像投稿一样，社交媒体也不是一种能立竿见影，马上让钞票滚滚而来的方式，但是它的确有助于你的内容营销工作。

　　正如某些专栏一样，你要集中精力让社会媒体实现"帮助他人"的效果，而不仅仅把它视为那些古董级的销售工具。这是因为社交媒体能同时帮你提高知名度、受众数量及扩大受众面。

如何与用户进行积极沟通

一个优秀的微商会把很大的精力放在沟通互动的工作上面，因此对肖燕提出的这个问题，徐婷可说是轻车熟路的，回答起来自然就驾轻就熟了。

首先，很多人认为微商与电商是相通的，其实电商是很多人基于一定的购买需求才启动沟通的，而微商是先交朋友然后实现交易，这是微商与电商的本质区别。那么作为微商应该如何与客户交谈呢？有以下几点需要注意：

1. 让产品更接近于顾客的想象

假设你去买衣服，目的一定是为了美吧，并且会不断想象穿在自己身上是什么样子，所以如果销售人员能通过沟通让你觉得这件衣服很合适你，穿在身上正是你自己想象中的样子，你就会很感兴趣，并最终可能会成交。

当然这并不意味着你要脱离产品不断去吹嘘，这就又回到了之前的那个问题，选择产品的时候要做好工作，不仅质量要过关，更要对产品有清楚的认识，这样在宣传阶段才能有的放矢。在具体介绍的时候，你只要抓几个重点做心理暗示就好了。如"您放心，我相信这款产品肯定非常符合您的需求""这款产品我自己也在用，效果真的挺好的"，等等。

2. 无法满足顾客要求时，要维持顾客的购买欲

想做好这一点有两个原则，一是对比原则，二是等价交换原则。

任何产品都不可能 100% 地满足所有顾客的需求，所以销售过程中我们总会遇到一些顾客咨询其他产品，遇到这种情况时不必灰心，要学会通过对比原则引导顾客。你要知道当你拒绝顾客之后总要让他在别的方面得到一些，否则他就会不开心，甚至拒绝购买。如果能理解这件事情，你就能解决因为拒绝顾客议价而流失潜在顾客的问题了。一把刀也许能换两只鸡，只要让卖鸡的那个人觉得刀的价值与两只鸡相等就可以了，当然如果让他觉得他得到的更多那他就会更开心。

3. 做好暗示与引导工作

这恐怕是任何销售人员都应该学会的一课，对微商而言，这一点也是最重要的。只要处在与潜在顾客聊天的过程中，只要不突兀，你就要把事态往好的方面引导。在回答问题的时候加上一些暗示的词，让他感觉自己买的是正确的，选择是对的。这些暗示的词包括：活动、包邮、买赠、保障，等等。

我相信只要大家把握好以上三点，应该就能避免很多潜在

客户的流失。

沟通是销售的前提

此外，平常就要做好与客户的互动，这样能提升客户对我们的信任，信任越高自然越容易成交。那么我们该如何做好互动呢？

1. 微信好友的聊天互动

（1）避免用生硬的广告语，要学会用幽默和调侃。

谁都喜欢跟会说话的人打交道，幽默和调侃是迅速拉近两个人关系的法宝，同时自然要避免生硬的对话。好的微商要努力适应并运用好互联网语言。这种技巧来源于不断的练习，一边累积素材，一边累积对话时的方式和技巧，总有一天你会发现好的对话方式能让你的营销工作事半功倍。

（2）及时解答用户难题。

当潜在客户对我们的产品提出一些问题的时候，如果我们能积极面对、解决，客户往往就会对我们产生好感，进而提升信任度。当一个用户最终确定购买某种产品之前，如果我们给了他们专业的建议，让他们能够更加明智地选择产品，同时我们正好也有这样的产品，那么用户自然会更加倾向于购买我们的产品。

（3）红包营销与打招呼。

作为微商来讲，刚加的好友或者是加了很久都没有联系的陌生人，你选择给他发任何消息对他来说都可能是一种骚扰，不但起不到任何销售作用，反而还会被人拉黑甚至举报。那有什么办法可以解决这个难题呢？很简单，发红包！

红包人见人爱，大小不限。但为了提升红包带来的成交量，建议大家先去目标客户的朋友圈了解一下他的个人信息和生活状况，再决定是不是需要进行红包营销。否则你明明卖的是女性内衣，结果把红包发给了一个大叔，岂不是得不偿失？

一个成功的微商从业者，要学会经常记录自己跟顾客的交流内容，把一些表达比较好的要点摘抄下来，一些效果不好的表达就要舍弃掉。在这种不断优化的过程中，当某一天你突然发现你的朋友圈好友转化为客户的概率可以达到 80% 的时候，就会特别有成就感，到了这个时候，你还怕你的产品卖不出去吗？

2. 朋友圈互动

（1）积极转发用户对于我们的评价。

用户对我们进行评价时，说明该用户是真的在关注我们，如果我们能进行适当的转发或回复，用户就会觉得受到了重视，有利于售后评价及下一次销售。

同时，一些好的评价可以作为客户对产品的见证，增加其他没有成交的用户对我们的信任度。一些问题型的评价，当我们转发以后，能够让很多人看到，这样可以在一定程度上降低客服的工作量。

（2）及时回复用户的评论。

人都是有感情的，谁都希望得到别人的重视。当客户提交自己的评论，尤其是询问一些问题后，他们肯定想尽快得到我们的答复，如果等了几天、十几天后再去回复，那人家早就对你的产品不感兴趣了。

及时回复用户评论的做法，一方面能够快速解答用户疑问，促进销售；另一方面也能够让用户感受到自己被重视，这样有利于提升用户的信任度。

（3）多做一些活动。

恰当的活动能够让用户感受到新鲜感，一方面可以吸引更多的粉丝，增加目标客户数量；另一方面，也能增强产品与老用户之间的黏度。

微商如何借力淘宝吸金

　　肖燕本身是个淘宝达人，因此她的问题很快就转到微商与淘宝的关系上来了，好在徐婷对这一块儿并不陌生，等她厘清了思绪，就又开始了有条不紊的讲述。

　　很多微商不喜欢淘宝，对淘宝带有很大的抵触情绪，其实这样并不合适。淘宝上固然存在饱受诟病的假货和低质产品，但同时，它也有着完善的评价系统和诚信系统。很多时候，微商和客户谈完生意，在最后的付款阶段客户却迟疑起来，往往就是因为微商缺乏一定的保障系统，客户担心付完钱后收不到货。

　　很多已经习惯于在淘宝上购物的人们，并不担心付款后会钱货两空，正是源于其完善的售后保障系统。所以在微信还没有具备完善的保障体系之前，淘宝店就很有存在的必要（这主要针对个人微商而言，虽然微信也有微信小店和微信支付，但因其门槛太高，普遍推广还有些不现实）。

　　有的微商从业者可能会说，自己的产品都是卖给朋友的，朋友都很信任自己，所以不存在保障体系不完善的问题。但如果你真的这样想，那可能你还根本没有真正理解什么是微商，因为无形中你已经把自己的客户群缩小了很多倍。你已经圈定了自己粉丝的数量，后期还如何增长呢？所以你应该有一个淘宝店，这样你的微商系统才可以形成闭环，才能消除客户的后顾之忧。

微商的淘宝店有两种：一种是只作为微信购物的诚信平台存在；另一种既是诚信平台，也是淘宝店。

从事微商初期，建议从业者把淘宝店作为诚信平台使用，而不必在上面卖产品。这样的话，淘宝店的装修、设计以及维护工作都会比较简单。同时，作为诚信平台，我们要把客户评价和首页装修做到规范、美观；要对店铺的每一个中差评进行处理，以维护完善店铺的诚信系统。

经营一段时间后，我们的淘宝店已经拥有一定的信誉度了，现在就完全可以在淘宝上卖东西了。但我们应该要重新定位你的淘宝店，学会怎样优化关键词、怎样推广、怎样做活动，等等。还要学会怎样在淘宝上寻找新客源，不要仅仅局限于微信客户，而要把思维扩大到整个淘宝乃至微博上，这样我们的粉丝数才会不断增长。

另外，通过淘宝店，我们还可以很好地统计客户数据，避免客户丢失。即使微信上的数据丢失了，淘宝订单详情也可以查到客户的相关数据，还可以从数据中统计出月度营业额、季度营业额和年度营业额等。现在通过手机购物的人越来越多，淘宝也有手机端店铺，我们只要把 PC 端店铺移植到手机端，就能方便客户购买了。很多客户都没有微店账户，但他们一定有淘宝账户。也许接下来，微店会迎来另一个发展高峰，会有更多人接受它、喜欢它，但目前，通过淘宝吸引更多的客户还是必须的。

微商一定要会借力淘宝

做微商，很多时候都是条条道路通罗马，但同样是道路，也有捷径和弯路之分，因此选择是很重要的。

说到这里，徐婷抿了口茶水，总结道："做微商必须要学会的窍门，

"一是如何吸引目标客户，解决客源问题；

"二是如何运营，促成成交；

"三是如何运作平台，通过文案引爆产品销量；

"四是如何招代理商，培训管理团队。"

说完之后，徐婷更是举了一个她身边的例子，以启发肖燕的思维。

米娜曾在一家智能系统及照明工程公司任总经理，年薪 30 万。可她一年前却作了一个让周围人都意想不到的决定：辞职，回到家乡成立农业合作社，成为一家田园生态农民专业合作社的创办人，并组建了一个微商平台。

第一批尝试把自家桃子放在平台上销售的农户，8000 斤寿桃，两个星期不到就卖完了，售价还比送去批发市场高。算下来，这家农户仅仅靠卖桃子这一项，当年收入就增加了 3 万元。

在米娜的努力下，这个微信平台运营不到 3 个月，销售额就突破了 100 万元，带动了当地上千户农民的增收。

这个故事，也被徐婷奉为业内经典案例，常常用来鼓励刚入行的小伙伴们。

第3章

Chapter Three

—— 微商的三大核心操作技巧 ——

销售产品前先销售自己

徐婷猛地睁开眼，拿出手机一看，不觉惊呼道："糟糕，要迟到了。"今天，可是她心中的白马王子陈老师讲授微商操作技巧的课程，内容十分关键，岂能迟到。因此，徐婷一反往日起床恋恋不舍的常情，即刻跳下床冲进卫生间，仅用了五分钟的时间，就完成了平日里磨磨蹭蹭半个小时还完不成的洗漱大业。洗漱好后，徐婷也顾不上吃饭，赶紧出门拦了一辆出租车，急匆匆地赶往了培训中心。

好在一路还算顺畅，因此，当她走进教室坐下后，上课铃声才响起。此时，徐婷那颗砰砰乱跳的心才定了下来。

陈老师几乎是踩着上课铃声走进教室的。他站在讲台上，扫视了一下座位上的同学们后，微微点了点头，算是打了个招呼，然后就拿起粉笔转过身，在黑板上写下了"微商三大核心操作技巧"十个大字。

"今天的课主要讲的是微商的核心秘密，也就是上面所写的

'三大操作技巧'，这可是不传之秘，请同学在认真学习的同时，还要做好保密工作，不要轻易将这些秘籍外传，不然引起微商界的混乱，可就是罪过了。"

陈老师幽默风趣的讲话，引起了学生们的一阵笑声，而同学们在笑过之后，注意力更集中了。只见陈老师在黑板上继续写道：自我销售技巧。写完后陈老师十分小心地将粉笔放在盒子里，并没有朝讲义看一眼就抑扬顿挫地讲起课来。

谈到自我销售技巧，我们首先要弄明白什么是自我销售，也就是自我推销。

自我推销就是指推销主体在一定的推销环境里，运用各种推销艺术，说服推销对象接受推销主体所进行的各种相关活动。

那么，如何进行自我推销呢？简单地说，我今天敢站在这里给大家讲课，就是一种自我推销。我的代理商或是朋友圈里的朋友看到我为这么多的业内精英授课，你们猜他们会怎么想呢？他们可能第一时间关注的不是我讲得好还是不好，而是认为我很有勇气，从而可能会减少屏蔽我的可能，甚至通过讲课吸引跟我有共同梦想的人来做代理，那么，我也就完成了自我推销。

因此，自我推销应具备以下几点要素：

1. 精神饱满

无论在什么样的环境下，我们都应该保持精神抖擞。首先就要做到衣着大方得体，并且，衣饰要与自己的身材、年龄和个性相配。以我自己为例，自从从事了微商这个行业后，我更加注重自己的形态举止了，比如，挑选衣服时会根据自己的体型走成熟稳重路线。现在朋友都说我变了，比以前更有气质，也更有自信了。一个人的气质需要外在衣饰进行修饰，进而达到最佳效果。再如仪容，让自己的仪容干净整洁也是最基本的要求。如男士不留长发，不剪怪异的发型，头发要经常清洗，一头干净的短发会显得人格外精神；女士可以化淡妆，以示对顾客的尊重，但切忌浓妆艳抹，切记不要当着客人的面补妆。换句话说，我们必须时刻注重自己的形象，要把自己当作一件完美的产品，让自己由内而外都充满阳光，充满正能量。要记住，作为微商的一员，传递的就是一份积极向上的能量，要带着一种感恩的阳光心态做微商。

2. 信心十足

想做到这一点，就一定要有过硬的产品知识，在介绍自己或产品时能够结合实际，语气恰当，信心十足，为此，你在推销自己的产品时必须提前使用过产品，也只有自己用过，才会有十足的把握去介绍产品，去说服顾客。

3. 开朗坦诚

每个人的性格不一样，有人内向，有人外向，但想把微商做好，开朗坦诚是必不可少的。如果你不开朗，那么就一定要学会开朗，因为从事微商的目的无非是想改变自己、改变生活、实现自己的梦想。想做到这些就必须让自己适应环境，并成功地把自己推销出去。或许有一天你获得一定意义上的成功之后，你可以选择低调，选择独处，但想做好微商，没有一个开朗的性格是很难做好的。

讲到这里，陈老师停顿了一下，见学生们纷纷停下笔抬头看他时，这才说道："我给大家讲个故事，让你们认识一下推销自己的重要性。"

陈老师的声音很低沉，也很有磁性，通过他的声音，大家认识了一位传奇人物。

日本保险业的泰斗——原一平先生，他 27 岁时进入日本明治保险公司开始了他的推销员生涯。当时，他穷得连午餐都吃不起，晚上只能露宿公园。有一天，他向一位老和尚推销保险，等他详细地介绍完之后，老和尚平静地说："你的介绍丝毫引不起我投保的意愿。"老和尚注视原一平良久，接着又说，"人与人之间，像这样相对而坐的时候，一定要具备一种强烈吸引对方的魅力，如果你做不到这一点，将来就没什么前途可言了。"原一平哑口无言，冷汗直流。

老和尚又说："年轻人，先努力推销自己吧！"

"推销自己？"

"是的，要推销产品首先必须推销自己，先要让别人认可你，然后才是你的产品。"老和尚的话给了原一平很大的触动，从此，原一平开始努力地改善自己、推销自己，终于成为一代推销大师。

日本推销之神：原一平

因此，只有让顾客先认可了你，才可能会接受你推销的产品。所以，销售产品的时候先要想着怎么把自己成功地推销出去。

陈老师讲完故事，有意地停顿了一下，让大家消化了一会儿，这才接着说："现在我就将原一平先生总结出的六大销售技巧介绍给大家，相信你们学过后会有新的体会。"

（1）接受别人的批评。

（2）勤跑（对于微商从业者来说应该是勤劳、积极和好学）。

（3）以赞美对方开始谈话。

（4）以逗趣的方式进行销售。

（5）讲究说话技巧。

①要相信自己说话的声音，不妨逼迫自己多开口说话。很多时候，不是我们不会说话，而是我们顾虑太多。在你犹豫不决的时候，往往很多机会就这样流失了。当你不给自己留退路的时候，才能发现自己的潜力。

②每天不断地练习。大家不妨大声地朗读，讲话声音大会在一定程度上增加你的自信。作为微商，最好的练习平台就是微信群，希望大家尽量使用语音沟通，久而久之，一张嘴就紧张的问题能得到很大的改善。

（6）永不服输。只有坚持才能成功，这一点就不需要赘述了。

微商吸引粉丝的技巧

　　做微商怎么找客源？换句话说，如何增加粉丝数量？这是困扰每个微商的难题，特别是新手，基本都处于一种比较迷茫的状态。在微商一片飘红的大环境下，客源成了大多数微商从业者都迫切需要解决的问题，那么我们应该如何寻找客源呢？

　　首先，微商要学会放弃熟人圈，要通过一些方法与技巧去网络上"引流"。网络是一个免费平台，世界用户千千万，把心打开，产品宣传的阵地应该在网络上而非在朋友圈，朋友圈只是一个交易平台。

强大的粉丝经济

微商从业者怎么快速吸引粉丝，扩大目标客户范围？我们可以给大家提供以下技巧：

第一，把控好自己的朋友圈，不要见人就加好友。

第二，定位好你的目标客户，想清楚潜在客户是什么样的人。这样做的好处是成交量会提高很多。

第三，你选择的目标客户必须是愿意关注你朋友圈信息的人，这样你们才能形成互动。

第四，维护好你的老客户，在此基础上发展新客户，这样才能让自己的路越走越宽。

最后，在朋友圈可以尝试亲情营销。

众所周知，微商的主流人群大多活跃在微信上，以朋友圈微商和微店微商居多。然而除了微信，陌陌、微博、QQ 空间等移动社交场所也都有很多微商活跃的身影。如果你不会进行多渠道推广，只选择在微信里扔扔漂流瓶，通过"摇一摇"加附近的人，那是绝对做不好微商的。千万不要把自己的思维局限在微信里，要多渠道地发展自己的圈子，这个道理就跟"不能把所有鸡蛋都放在一个篮子里"是一样的。

相比微信，QQ 空间因为其透明的评论和点赞设置能够给彼此带来更多的信任。微商从业者可利用的通道更多，如相册、日志、留言板、说说等，并且，QQ 空间使用起来灵活性更强，可利用的营销点更多。如果能够玩转 QQ 空间，既能避开朋友圈的各种打压和限制，又能开辟新的营销路径，何乐而不为呢？具体如何操作，我们给大家提出以下几点建议：

首先，在 QQ 空间的搜索框中搜索关键词。如护肤、养生、保健等。之后会发现很多相关的文章。

其次，选择一篇转发量很高的文章。选择好后点击进入该界面。

再次，在该篇日志的最底部打开互动。在这之后你会发现很多人的阅览信息，阅览这些文章的人，都是比较关注这个领域或者有购买需求的人，算得上很精准的客户了。

最后，根据这些人留下的线索，进入其空间。进入他们的空间后，在空间主页里添加对方好友，然后再导入微信。

接下来，我们再讲讲如何利用各种社交媒体平台，如新浪微博、百度贴吧等吸引粉丝。

1. 选择贴吧时要有侧重点

如果单纯为了留下自己的微信号，最好选择一些较冷门的贴吧。这是因为有的贴吧管理规则很严，一旦发现你在发广告，就很容易被删了，冷门贴吧则能在很大程度上避免这样的问题。

2. 学会利用时事热点发帖

结合热门事件进行宣传推广是一种不错的方式，最起码能保证一定的点击率。怎样在回帖中植入广告？实践证明，8 楼之后的广告回帖，被删除的概率较小。

3. 有技巧地发帖

不要一成不变地在各大贴吧中重复发帖，不要偷懒，哪怕内容大同小异，至少也改个标题再发，否则一味地复制粘贴只能换来系统的秒删。

4. 帖子内容要有讲究

想吸引粉丝，就要学会写软文。一篇好的软文不仅会赢得网友的赞赏，而且能让管理员对你产生好感——不删帖不说，还能被推荐到平台首页。这种事情我们不止一次遇到过了。如果你能把推广信息编辑得天衣无缝，甚至颇有内涵，长期占据贴吧的重要阵地也不是不可能。要知道，吧主和管理员也是人，难免会有爱才与恻隐之心。用心写文，才会带来意外的惊喜。

5. 取一个有吸引力的标题

我们不是要教大家做"标题党"，只是想强调好标题对帖子的引流作用是非常大的。好的标题，能够精确地击中人性，比如猎奇，比如贪婪。

吸引粉丝的技巧大概就这些，但还是想强调一点，做什么都需要有执行力。冰冻三尺，非一日之寒；滴水穿石，非一日之功。做微商也是一样的道理。最重要是不断地尝试、改进和坚持，这样才可能会取得非凡的成绩！事非做不知难，没有哪一个行业是躺着就能赚钱的！进入一个行业，先别惦记着赚钱，要先学会让自己值钱。

微商客服沟通技巧

下面我们学习最后一个操作技巧，微商客服沟通技巧。很多微商从业者经常发现好多顾客只是咨询却不购买产品，这种现象还不少，因此我们有必要学习一些与顾客沟通的技巧，进一步提高目标客户的购买率。其实微商客服的沟通工作，无非就是为了解决问题。

1. 与客户接触时用什么样的语言打招呼

常见的语言有"您好""有什么可以帮助您""这个商品有货""亲，在的"，等等。优秀的客服用语十分重要，使用好客服用语可以增加微店产品销量，让用户对你产生好感。当第一次与客户交流时，客服应尽量使用敬语，让客户体验到一份重视和尊重。

我们不推荐的用语有"要买什么""叫我干什么""你有什么事"等这种生硬的语句。

2. 遇到讲价的客户时应如何应对

客户要求降价，一般有三个原因。首先，可能是他们认为你的产品价值与价格不符；其次，他们以前买过比你售价更低的产品;最后，他们的经济承受能力与你的产品价格之间存在差距。

对于一个产品来说，什么叫贵，什么叫不贵，完全在于客户的认同。你应该首先确定的是客户认为产品贵在哪里，接下来再进行解答，而不是客户一说贵，你就回答一大堆理由。

当你知道了客户的抗拒点以后，自然就知道了应该提供的答案。只有当客服有足够的理由说明产品的价格符合客户预期，他们才能接受。而对于那些价格浮动比较大的产品，客服可以反问顾客一句："您觉得卖多少才不算贵呢？"当然，问这句话之前客服先要塑造产品的价值，有了一定的基础与缓冲，才能询问客户所能接受的价格，以便最终找到成交点。

注重客服服务

3. 遇到退换货时客服应该如何应对

首先，不管是不是自己产品出现问题，都应先行道歉，这样能消减顾客心中的不满；紧接着，要问清楚退换货的原因，并及时处理。

需要注意的一点是，不管顾客退换货的理由是什么，客服都应该注意自己的语气，不要与顾客发生争吵，做到礼貌待客。这样一来，即使是因为质量问题产生的退换货，也会因为客服的贴心服务而在一定程度上挽回顾客对店铺的印象。

此外，对于完成了退换货的顾客，客服可以进行一个小回访，询问换货的物品是否已经收到，退款是否已入账等。

4. 遇到故意找麻烦的客户应该如何应对

首先，客服应该要具备一定的防备心理；其次，如果真的遇到不讲理的顾客，客服要及时保存聊天记录，反馈给相应的官方平台，只要证据确凿，官方都会公平处理的。

5. 商品有小瑕疵时如何应对客户

因为发货原因、物流原因等令商品产生小瑕疵是经常会发生的事。顾客收到货物进行反馈时，客服不能急忙撇清责任，而应该了解瑕疵会不会影响商品的整体使用，在了解之后，再与顾客进行沟通，是换货呢还是给予一定的经济补偿。

经济补偿一定不能过多，否则会让顾客产生"商品原来很廉价"的感觉，我们建议不妨根据商品的价格来定补偿金额。当然，如果顾客非得换货，那么也要给予理解。

6. 运费问题如何解决

关于运费的设置问题，我们建议大家可以根据商品定价来确定。如果商品售价在 100 元以上，我们建议应该设置成包邮模式。从用户心理上讲，购买 100 多元的产品，还要再额外花费运费，会降低用户的购买欲。

7. 物流信息出问题时如何处理

如果确认发货了，但顾客反馈没有查到快递信息，客服应该首先检查一下自己的快递单号有没有填错。在单号填写正确的情况下如果没有查到物流信息，可以快速与快递公司取得联系，倘若因为系统原因，物流信息没有及时更新，客服要耐心告知顾客，不要因为错不在己就显得很不耐烦。

通过良好的沟通，客服可以把与顾客之间的弱关系变成强关系，要知道沟通是微商的灵魂，没有沟通的努力，一切都是枉然。只有通过沟通才能找到客户的需求，才能明白客户真正需要解决的是什么问题。

（1）要思考客户究竟缺什么。

（2）思考令他们感到困惑的是什么。

（3）思考他们希望得到什么。

（4）思考你能为他们带来什么。

我们举个例子。

一个全职妈妈，她最关心的会是什么问题？除了养育孩子的问题，就是事业发展。如果你想让这位妈妈跟你一起从事微商这份事业，那么就应该主动与之攀谈。假如你现在也是全职妈妈，那就可以谈谈你自己的想法，谈谈你为什么会选择微商这份工作；如果你不是，就可以抱着学习的心态与她交流。很多不知不觉积累起来的知识会突然在某一天发挥作用。

　　"好啦，今天的课就讲到这里。我已经将微商的核心秘密倾囊传授给了你们，希望你们在实践中多运用，并总结出更多的经验来反馈给社会。"陈老师干净利落的结束语，赢得了一阵又一阵的热烈掌声。

第4章

Chapter Four

—○— 微商需要懂的社交思维 —○—

哪些人适合做微商

徐婷刚回到家，屁股还没落座，门铃就又响了起来，打开门只见肖燕站在门外，手里还提着几个快餐盒。

"小燕子？你怎么这个时候来了，该不会是专门给我送晚餐的吧？"徐婷打趣道。

"那是！我正好路过一家烤鸭店就买了一只，顺便又买了两份快餐，让我们大快朵颐吧！"肖燕说着将快餐盒放在餐桌上，揭开盒盖，一股香味飘了出来。徐婷深深地吸了一口气，说道："嗯，好香，把我的馋虫都勾出来了。"边说边小跑着去洗手间洗了个手。

两位看上去斯斯文文的美女，面对美食，似乎放开了所有的矜持，一顿风卷残云，桌上的快餐很快就被消灭干净了。

徐婷将餐桌收拾干净，又洗了一把脸，这才坐到肖燕对面："有什么事，快说！"

肖燕故意眨着大眼睛说："婷婷你这是什么意思啊，我请你吃饭就一定是有事吗？"

"哼，天下没有免费的晚餐，何况我们的大忙人小燕子！今日能够百忙中抽出闲暇，光顾寒舍，又带来如此美味，正应了一句老话'夜猫子进宅，无事不来'！"徐婷一边忍住笑，一边振振有词。

肖燕怔怔地盯着徐婷，终于忍不住"扑哧"一声笑了出来："生我者父母，知我者婷婷也。我还真是有事求助，还请徐大专家不吝赐教。"说着还行了个拱手礼。

徐婷故意板着脸，冷冷地说道："别墨迹了，言归正传，有话就说！打发完你，我还有重要的事要做。"

肖燕说："还是关于微商的老问题，我要向你请教，请你为我解惑除难，指点迷津。"说着，肖燕递过来一张纸条。

徐婷接过来，只见上面写道："哪些人适合做微商"。不由得心中暗笑，这小燕子可真会抓时机，正好今天自己学了这些内容，她就上门求教了，于是摆好姿态，开始一板一眼地现炒现卖起来。

想从事微商，似乎门槛不高，但也不是谁都能做的，如果完全不具备从事这行的条件，很多人再努力也难逃亏本的结局。从目前成功的微商从业者看，除了需要很强的决心和欲望，还需要符合以下几种类型：

1. 专家型从业者

从业者本身对产品非常热爱和了解，在圈子里是一位专家型的人才，其专业能力获得认可。比如，现在挺流行的河豚面膜中几个做得好的大代理，就是属于这一类型的。他们自身对护肤领域和面膜都很了解，原本就是身边朋友的护肤顾问。在过去，他们自己用过的好的产品，也会跟身边的人推荐，因为信任，他们的朋友会毫不犹豫地购买，在积累了良好的信誉后，从事微商销售就很顺手。所以，这一类的从业者具备相当的专业基础，不仅能很好地销售产品，还能做好售后工作，具有长期的可持续发展的特点。

销量很好的河豚面膜

2. 销售型从业者

有些微商从业者未必能够百分之百地了解产品，但他们非常善于捕捉产品的卖点，也很会抓消费者的心理痛点，双管齐下也就能够把产品销售出去，这就是典型的销售型从业者。这类人群的特点就是很懂消费心理学，知道消费者要什么，还能够把消费者的需求和产品的功能相匹配，从而获得消费者的认可。

3. 资源型从业者

这是最简单粗暴的一种方式，但也是非常快速有效的一种方式，这种从业者完全依靠自己的人脉资源进行产品销售。这类型人平时跟周边的人相处得很好，当大家知道他们在经营某个产品时，都愿意给他们一点儿面子。这类型人一般都具备很强的人脉资源，其人品就是产品的最好背书，开始从事微商可谓顺风顺水，很快就能组建起自己的小团队。

如果一个人没有决心，只是抱着试一试的态度，又不属于专家型、销售型或资源型中的任何一种，我建议不要盲目地从事微商。在这一行里想做得好、做得长久，我建议，在做微商前最好要考虑清楚，认准了再做，不要盲目跟风，不要仅凭一腔热血就跃跃欲试。

从事微商的前期准备工作

听徐婷回答完第一个问题，肖燕停下笔，又静静地思索了一阵，直到将徐婷讲的内容都消化后，这才又递出了一张纸条，上面写的是"从事微商的前期准备工作有哪些"。

徐婷扫了纸条一眼，略一沉吟就回答道："前期准备工作我认为主要得从以下几个方面入手。"

首先，斟酌自己的头像和名字。头像是你给别人的第一印象，需要慎重对待。你可以选择放自己的照片，照片可以"P"得好看一点，让人看着更舒服，以真面目示人或者放产品图片可以增加顾客对你的信任感。但注意"P图"要适可而止，过犹不及的道理大家都懂。另外，微信名字最好不要设置得太长，名字太长，顾客很难记住你。也不要用生僻的字或单词，道理同上。选择用你的真实姓名也可以，或者把真实姓名稍作改动，保留名字中的一个字。

其次，选择一样主打产品。产品要精不要杂！产品过多会拖累你的信息传递，顾客看得一头雾水也会出现选择性困难。同时，产品过多还会直接影响到你朋友圈的营销策略。

最后，掌握一定的聊天技巧。大家都知道，其实做销售就是要会说话，我们既然选择了做微商，在一定程度上就是一个销售。相对于现实中的销售来说，微商从业者更加复杂一些，因为你的顾客是看不见摸不着的，这时语言就是最好的沟通方式。我们需要用心发现每位潜在客户的需求，比如去客户的 QQ 空间或者朋友圈看看他平时的状态，找到合适的话题切入点。当我们与客户之间建立起一定的信任后，对后续的产品介绍与推广，都是有很大好处的。

其实在微商创业的路上，那些失败的微商从业者，可以说是"家人反对死一批、下不定决心死一批、害怕失败死一批、错过机会死一批、'没时间'死一批……"很多从业者因为种种原因没能坚持到最后。所以有人这样总结：一个好的上家 + 好的产品 = 成功！所谓的"一想、二干、三成功；一等、二看、三落空"。相信是成功的起点，坚持是成功的终点。与其长时间怀疑自己是否会成功，还不如直接求证。

聊天帮你创造更多机会

我们总结出，要做好微商，起码应该认可并擅长使用以下
2~3 种方法，并坚持下去，自然就会有意想不到的收获。

1. 利用好微信平台

微信的月活跃用户达 4 亿多，其在营销中的价值是无法估
计的。并且，因为其 100% 的精准营销宣传，可以一对一地对客
户进行消息推送，也可以针对某一地域或某一产品进行消息的
推送，进而引起更多用户的关注，这是最为快捷省力的方式。

2. 多使用微博或博客

微博营销最近几年很流行，因其门槛低、传播速度快、可
呈几何式传播，并能进行在线互动等特点，深受广大微商从业
者的喜欢。而博客更是一个推广产品的好地方，你可以撰写精

心设计的软文，随时发布信息，也可与目标客户进行互动，还可以直接添加相关的产品链接，因此，微博 / 博客绝对是网络营销推广中必不可少的工具之一。但微博营销的短板也很明显，想获得更好的传播效应就需要一定量的粉丝资源，并且，非资深博主的说话分量也较轻，难以造成很大影响。

3. 做好软文推广

我们在前面已经提到过软文推广的必要性。它的优点是操作方便，现在众多网站都接受原创投稿，并且都是免费的，在保证质量的情况下，能够实现产品营销的效果。

4. 紧跟热点事件

这一点前文也有提及，抓住热点事件也就是抓住了读者的兴趣点。通过整合社会、企业、用户等各种资源，创造出吸引大量媒体和用户关注的新闻，借助新闻来吸引公众眼球，起到较轰动的广告效应，提升大众对产品的关注度，达到推广传播的目的。一般来说，紧跟热点事件进行推广有两种模式，一种是借势，另一种是造势。但在具体的操作中，媒体的不可控和用户对新闻的理解程度都需要事先考虑到。

5. 多关注各大论坛

尽管随着微博、微信等媒体平台的兴起，传统的论坛，如猫扑、天涯等都有逐渐没落的趋势，但作为曾经非常出名的网络社区，目前仍可以视为产品很好的推广渠道。一般来说，论坛用户群体庞大，受众群广，互动性强，可人为地制造影响力。

因此，微商从业者可以在论坛上发布相关的软文，以发帖的形式传递信息。这种方式有点像在浩瀚的海里捕鱼，不管能不能捕到，只有撒了网才知道。但论坛参与人数众多，社区版块繁多，目标受众群不易确定，这是需要我们注意的。还有就是现在各大论坛对广告发布监管严格，因此软文质量必须要高，甚至有时候需要团队配合进行炒作才能达到目的。

6. 各大解惑类网站

解惑类网站，指的是知乎、百度知道等具有极强互动性，可快速解答网友问题的网站，作为重要的网络推广方式之一，我们不得不提。解惑类网站推广属于口碑推广的手段之一。利用解惑类网站，抛出用户关心的问题并跟进解答，适时植入相关的信息，也能起到很好的宣传效果。但这种方式对账号有等级要求，这一点操作起来相对麻烦。

7. 百科

百科包括百度百科、维基百科和 360 百科等，也是网络推广的重要"阵地"。百科因其具有网站背书、知名度高等特点，在网民心中有着一定的权威性，如果能进入百科也是一种很好的营销方式。但随着百科制度的不断改进，网站对提交内容的审核变得十分严格，通过率也不断降低。另外，网友们可以随意更改百科的内容，这对互联网信息安全及发布内容的稳定性也造成了一定影响。

8. 网址导航

常见的网址导航包括 360 网址导航和 hao123 网址导航等。曾经，各大企业一直想把管控流量入口的网址导航作为首选的推广方式，但由于综合网址的导航页面空间有限，涵盖内容繁杂，占取一席之地比较困难，而且也不能实现对目标客户的精准投放，因此很多企业望之却步。随着垂直细分网址导航走入大众视野，很多企业从中看到了商机，更加细分的定位和自助建站平台正在成为免费营销宣传的最佳方式。但很多网友对相关的网址导航定位不明确，这样会导致对目标用户的定位不精准，也可能会导致推广效果不佳。

总之，对于微商从业者来说，不管通过哪种方法，主要目的都是吸引目标客户的关注，毕竟有人才会有生意。

做微商不要梦想一夜暴富

徐婷讲完了这个问题，肖燕一边点头一边迫不及待地又递来一张纸条。徐婷看了一眼，纸条上写着："做微商能不能实现一夜暴富"，她当即毫不犹豫地将纸条扔在废纸篓里，十分肯定地回答："不可能，天下没有一夜暴富的美事，除非你是在做梦。"

做微商不能一夜暴富，所有大咖都是一步一个脚印踏踏实实做出来的，甚至包括一些微博红人，他们一开始累积粉丝量的时候都是一个没有很多盈利的漫长过程。

很多微商从业者都"倒"在了"被别人拒绝"上。一个成功的人，往往要经历无数次的失败。就拿肯德基来说，一个 59 岁的老人开始创业，手里有一份很好的炸鸡配方，到处去找饭店合作，在经历了 1009 次被拒绝的失败之后，终于有一家饭店愿意接受他的配方，这才诞生了这个蜚声海内外的炸鸡连锁品牌。

做微商不能想着一夜暴富

　　而马云在创立阿里巴巴之前，做企业黄页的时候，外出融资的失败次数不下于 3 万次。什么都没有，身无分文的时候，马云对着只有一面之缘的朋友激情四溢地描绘 10 年后的网络帝国梦想，还向别人提出融资请求。我们自己思考一下，有多少人能忍受这种成功前的失败？

　　你在乎的东西往往就是限制你发展的东西，这是成功学中的一个重要命题。很多想从事微商的人在乎的都是每个月的收入有多少，很多从业者确实是被高收入吸引来的。现实当然也没错，微商这个行业成就了非常多的百万级别的富翁。

　　但是，我们也要看到的是，很多成功的微商从业者，最开始的梦想并不是为了挣多少钱，而只是单纯地想做好一件产品或经营好一家小店。只想着挣多少钱时，结果往往差强人意。毕竟理想太丰满，现实太骨感。你越在乎金钱，当生意萧条的时候你的心态就越难保持平和，潜意识里也就越容易打退堂鼓。

很多的微商从业者的梦想其实都不是赚够多少钱。我跟很多成功的业内人士聊过天，他们中的大部分人，经常会设想未来，比如做一款什么样品质的产品？团队准备招募多少人？花多长时间在自己的团队里培养出一名总代来……

为什么这些成功的人不愿意花很多心思在挣多少钱上？因为赚钱是没有上限的。当你处在一个阶层里面的时候，其实并不需要做到第一名，只要努力成为中上水平的人，钱自然而然就有的。这是世界潜能开发第一人——安东尼·罗宾的成功学理论，这句话影响了非常多的成功人士，也包括热爱微商行业的我。

很多微商从业者都有点急功近利，不断地开发新客户却忽略了维护老客户。其实，开发一个新客户比维系一个老客户困难 5 倍。维护好一个老客户能给你带来至少 3 个产品消耗周期的利益，并且老客户非常有可能成为你的代理，把产品推广给他们的朋友。

从事微商不能让你一夜暴富，但是绝对可以让你白手起家！把格局放大一点，选择了就去坚持，只要努力了，肯定多少会有收获。同时要把心态调整好，不要带着上班的心态去创业。

富兰克林 7 岁时，有一次过节，大人们给了他许多钱。富兰克林打算用这笔"巨款"去商店买一些玩具。半路上，他看到一个男孩很神气地吹着哨子，他当时完全被这个哨子迷住了，就用自己所有的钱跟男孩交换了哨子。回到家，富兰克林十分得意地吹着哨子满屋子跑，被打扰的家人告诉他，为了得到这个哨子，他付出了比它原价高 4 倍的钱。家人们让他明白，这些多付的钱，是可以买到更多更好的东西的。

做微商也是如此，看清你手上有的东西，不要盲目追逐没有的。

当然从事微商的道路不会一帆风顺，微商的从业者之间也面临着一些竞争，我们要有比别人更广的人脉、更灵通的市场消息、更快捷的应变能力。我见过很多成功的微商常常忙到深夜，为了交易额的上升，为了顾客满意度的提升，不断巩固自身基础，不断提升自身技能。只有这样不间断的复出，才能不断积累经验，把个人事业越做越大，事业大了，钱财自然就来了。

总体而言，微商这个行业发展到现在大体可以分为三个阶段：

1. 初级发展阶段

微商行业的初级发展阶段，我们也称之为野蛮生长阶段。在这个时期进入行业的人，赚钱犹如囊中取物。此时入行的人，似乎很轻松就能月入过万，这是蓝海阶段。因为竞争小，客户新鲜感强，很容易就能把货卖出去并找到代理铺货。但是在这个阶段，也有一些人因为产品选择不当、方法使用不当，很快就被淘汰出局了。

2. 中级发展阶段

微商行业的中级发展阶段，我们也可以称之为群雄争霸期。在这个阶段，有些品牌越做越大，成为业内翘楚，有些品牌因为商业模式、团队发展等诸多原因而被市场淘汰。有句话说得好，乱世除了出英雄，也可能出狗熊。处在群雄争霸的时代，如果不能成为豪强，就只能成为这个行业发展路上的垫脚石。

3. 终极发展阶段

经过前两个发展阶段的竞争和融合，微商行业开始进入了比拼产品实力和营销策略的阶段。在这个过程中，很多同类商品相争，输者相继退出市场，少数赢者成就了一些实力强大的品牌。

微商说白了也是一门商业，做微商最终要回归商业的本质——给客户提供物美价廉的产品和优质的服务，顾客无法拒绝你的产品的时候，就是你攻城略地、赚得盆满钵满的时候。

销售之神乔·吉拉德，曾经连续 12 年荣登"吉尼斯世界纪录·世界销售第一"的宝座，他所保持的汽车销售纪录（连续 12 年平均每天销售 6 辆），至今无人能破。为什么？就因为他始终坚持做一件事情。他的坚持成就了他的商业奇迹。从事微商也是同样的道理——不要奢求一夜暴富，也不要三天打鱼两天晒网。其实不管你从事什么行业，都没有一蹴而就的成功。

听完徐婷的话，肖燕十分满足地站了起来，一边拥抱徐婷一边说："谢谢你的精彩讲解。我想关于微商社交思维的有关问题，我已经成竹在胸了。在明天的节目上，我一定会将你传授给我的理论知识无私地分享出去，帮助更多的人。"

第5章

Chapter Five

———○ 微商的快速扩张之路 ○———

引流客户的方法

这天下午，徐婷正拿着钥匙准备开门呢，电话铃响了，她只好掏出手机，一看是肖燕的电话。接起电话，徐婷开着玩笑："小燕子，你可真会挑时候，就不能等我开了门、进了屋再打过来啊？"

电话那头传来肖燕悦耳的声音："婷婷，我这不是着急么！对了，你今晚佳人有约没？要有空，来我这里参加一个微商沙龙吧！我特别希望你能来！"

"微商沙龙——"徐婷沉吟道，"你们准备怎么开？"

"嘿嘿！"肖燕笑道，"就是几个对微商感兴趣的人想聚在一起讨论一下罢了！其中大多人是新手，很想找一个这方面的权威给他们讲讲课，这不我就想到了你嘛！你都不知道，上次我把你教我的那些知识传播出去以后，他们都很崇拜你呢！这次听我说有可能把你请过去，现场给他们讲讲，不知道多开心呢！来吧，好吗？就当给我个面子！"肖燕开始软声软语地恳求起来。

　　徐婷忍不住笑了，于是爽快地说道："好吧，那我就给你一个面子，晚上去给你捧捧场。"

　　就听电话里肖燕十分高兴地说道："谢谢你，婷婷！晚上八点在创业会所。好啦，不说啦，我还得去布置会场呢！咱们晚上见啊！"

　　对方挂了电话，徐婷摇了摇头嘀咕道："这个小燕子，就会给我找事做。"

　　进了门，洗漱了一番，徐婷简单做了个晚餐，匆匆吃完，抬头看了看时间，离八点还差四十分钟。她整理了一下衣着，就往家附近的创业会所慢慢走去。

　　刚到会所门口，徐婷就见肖燕满脸笑容地迎了上来："婷婷，感谢你的光临！"一进会场，只见里面已经坐满了人。肖燕将徐婷迎到贵宾座上请她坐下，便走到台上拿起话筒说道："请大家静一静，今天我们这个沙龙主题是'微商的快速扩张之路'。我们请来了微商方面的徐婷专家给大家作指导，如果大家有什么问题，请踊跃向徐专家提问啊！"

沙龙是很好的交流途径

　　肖燕的话音刚落，一位戴着眼镜的中年人就迫不及待地起身问道："徐专家您好，我是一个微商新手，想请您指导一下如何引流客户？"

　　徐婷一愣，心中暗暗埋怨肖燕为什么不事先打个招呼，给自己搞了个突然袭击。好在最近自己一直在琢磨微商的各类问题，回答起来也不是太困难。因此，她稍稍整理了一下思路，就开始了现场解答。

　　其实做微商的最高境界是：你的朋友担心错过了你，就错过了一种精彩的生活！所以，关键之处就在于，你有没有像经营生活一样经营着微商？这个答案才是最重要的。朋友圈是用来宣传产品的，如果没有足够的目标客户，你做得再好，又有什么用？关于微商的心态，有句俗话说得好："你对别人怎么样，别人就会对你怎么样！"用百分之两百的热情与人交流，做起事情自然会事半功倍。其实很多人做微信营销的时候都觉得很难坚持，就像在朋友圈更新信息一样。但是，你必须坚持天天更新自己的朋友圈，天天去做，总会有人关注的。

　　何况，微商的核心是做产品，口碑才是传播关键及用户的痛点。而且，经过我的总结，那怕是再小的卖点需求，只要能精准找到用户痛点，就能培养出大市场，大有作为。比如"化妆品祛痘"这个细分的行业领域，不知成就了多少成功的微商从业者啊！

　　当下是流量为王的时代，谁的粉丝多，谁的地位就更加牢固。流量的下一个战场必定是微信。这是因为微信是社交通讯工具也是移动平台，其用户总量将占中国人口总数的1/2。

　　众所周知，人脉 = 钱脉，没有人脉，一切都是纸上谈兵。

那么，怎样才能够实现客户端的快速引流、增加精准粉丝的数量呢？想必这是所有微商最想解决的问题。

经过长时间的研究总结，我发现好的方法不外乎以下几种：

1. 借助各大网站、论坛及社交通讯工具进行引流

常见的如搜狐、天涯论坛、微博、微信公众号平台等。

2. 同行间的互推帮助

找到同行的 QQ 群或微信群进行互推帮助。

3. 软文推广法

引用或撰写相关文章，巧妙地加入自己的微信号或二维码，然后发布在社交网路媒体上。不仅要在文章标题上下一番功夫，还要在内容上做到有血有肉。

4. 在线直播推广

将"直播间"的链接发给朋友或分享到朋友圈，他人可以进行转发宣传，只要直播的内容有价值、吸引人，就可以快速吸引来大量粉丝，并且可能把这部分人转化为自己的下级，从而产生可观的后期价值。

5. 利用好"百度知道"

这里需要一定的技巧，比如，用一个账号提问，然后再用另一个账号以专家的身份回答相关问题。但采取这种方式一定要做好功课，保证答案的严谨认真，否则有误导消费者的嫌疑。

此外，我们要努力了解用户心理，摸索用户心中的真正需求。俗话说，要把自己变成用户肚子里的虫子。如果你不知道用户想要的是什么，就很难成功地进行营销工作，更别说吸引来客流了。

微商如何精准挖掘客户

徐婷的话音刚落，大厅里就响起了一阵热烈的掌声，可见她的讲话得到了大家的认同。这时，一位女生站起来说道："徐专家，我想请问一下，微商要如何精准地挖掘客户呢？"

肖燕赶紧递上一杯热茶，徐婷一边称谢一边接过来抿了一口，这才拿起话筒，又开始了演讲。

诚然，无论是做传统企业还是做淘宝微商，我们都离不开客户。客户对于每一个公司来说，都是生存的必备条件，他们决定了企业成长的速度，决定了企业的未来。对我们微商来说更是如此，不夸张地说，客户决定了我们的生死存亡！因此，如何精准地挖掘潜在客户就成了每一个微商从业者最值得思考的问题！

实际上，微商从业者的所有商业模式都是围绕着人出台的，这样一来，我们就不难总结出解决这个问题的核心方法了：

1. 了解客户的内心

想做到这一点，逆向思维是一个很好的方法。站在客户的角度思考问题能让我们最快地挖掘出潜在客户的关键诉求，可以让我们很好地体会到客户的所想所感。"为什么要买你的产品？"找到这个问题的答案也就找到了你的营销重点。

举个例子，比如你是代购名牌包的，对于你的目标客户，你的思维路径应该是这样的：

（1）买得起名牌包的人，必然是有一定经济基础的。他们中的一部分人，对价格并不是很敏感，但对颜色、款式以及是不是最新品有着近乎苛刻的要求。

（2）有的客户会对某个品牌的包情有独钟，如 Prada、Gucci 等。

（3）有的客户不是因为自身喜欢，而是因为身边的朋友有类似的款，所以自己也要买一个，因此潮流很重要。

（4）有的客户买东西的原则就是"不买便宜货"。

（5）有的客户用名牌包增加自信，为的是让自己在朋友那里不"掉面儿"。

…………

当然如果继续分析，我们还能找到很多用户的购物心理。我这里只是介绍一种抛砖引玉的方法，一但你学会了逆向思维，那么恭喜你，你很容易就能弄清楚客户最想要的是什么了。

只有真正把客户内心深处的需求点挖出来，通过产品体现出来，把产品的价值放大，才可能促使客户下单。

2. 挖掘竞争对手的潜在客户

当我们知道了目标客户的内心需求之后，就可以顺藤摸瓜地去寻找客户了。最简单最迅速的方法就是从我们的竞争对手那里去挖掘。当然，我这么说并不是让大家直接从竞争对手那里抢客户，而是应该思考，我们的竞争对手是怎么推广产品的，他们怎么进行广告宣传的，他们的产品卖点是什么，等等。找到对方的长处，然后扬长避短，这是我们应该从对手身上学的。

这个话题如果深入探讨，我们还可以再拓展到竞争对手的合作对象包括媒体平台等，研究你最大竞争对手的推广模式，从中找出对方营销中的闪光点，为我所用，无形中你也就能挖掘到了更多的潜在客户了。

3. 维护好老客户

我们常说，开发一个新客户的成本越来越高了，而维护一个老客户的成本则是相对低廉的，所以，在做好前端销售的时候，我们一定要设计好后端的服务模式，也就是鼓励老客户的再次消费。比如，对老客户给予积分或赠品奖励等。

同时，当我们服务好一位客户后，可以通过积分、返券等方式来引导他推荐身边的朋友参与购物。所谓物以类聚、人以群分，一个爱好名牌包包的客户周围，也一定存在着相同爱好的朋友或同学，如果能把这部分目标客户吸引过来，自然是非常合适的。

因此，我们应该尽可能地把我们的宣传资料填好，鼓励老客户通过我们的宣传资料推荐朋友来店消费，而每成功推荐一个朋友，老客户就可以得到特定的优惠补助。

只要产品质量好，加上产品价值的包装，客户使用满意，自然容易推荐给他们身边的朋友。

简单地说，服务好了一位客户，就等于服务好了他身边的若干个潜在客户，这是一件多么划算的事啊！

精准定位目标客户

4. 合作共赢

这个时代最完美的商业模式就是合作共赢。现在已经不再是一个人单枪匹马闯天下的年代了，自己缺少的部分，我们可以借力完成，借力的最重要方式就是合作。

我们可以根据老客户的消费习惯，思考他们会选择什么产品，通过这些分析，我们就可以考虑跟一些商家进行合作，只要彼此利益分配合理，共赢的局面就不难出现。

还有一个更好推广的合作模式，那就是把客户第一次购买产品所产生的利润全都让给合作伙伴。也许有的微商从业者会觉得这么做自己就亏大了，其实不然。当我们把第一单的利润让给合作伙伴的时候，我们其实会获得客户的相关资料数据，如果我们选择的是一个重复性消费的产品，那么客户再一次购买的可能性就非常大。这样一来，通过合作伙伴的平台，我们在无形中就争取到了原来没有的资源，找到了一大批的潜在客户，并有可能把他们变成我们真正的长期客户。

需要避免的微商误区

徐婷刚讲完，一位西装革履的年轻人就迫不及待地站起来说道："徐专家，听了你的见解，我有一种醍醐灌顶的感悟。我还想请教一下，在具体的操作中，我们做微商的，有没有一些误区是应该避免的？"

徐婷点了点头，说："这位先生问了一个十分关键的问题。今天借这个平台，我想跟大家分享一下我在从事微商过程的经验和教训，希望能够对大家有所帮助。"

从事微商需要避免的误区是什么？这个问题的答案其实因人而异，但是普遍来说有三点：没内容、没用户和没成交。

1. 在客户来源上缺乏规划与布局

大家都说现在是一个内容营销的时代，一个优秀的编辑抵得过 100 个销售人员，所谓"内容为王"嘛！但是很多人并不知道内容从何而来，特别是那些优质的内容。

很多人认为内容无非是抄袭，整合加原创嘛，这样的说法既对也不对。如果你真的没有一点文字功底，那么从抄袭开始是一条快速成长的道路，比如，关注 10 个本行业的顶尖账号，看看谁的内容好，谁的文案好，就进行借鉴。借鉴一个星期后，就一定会找到感觉，在此基础上，就应该自己动手写出符合自己产品的营销文案了。

很多微商从业者在营销手法上极度单一，听说在朋友圈营销效果不错，就猛刷朋友圈，自己被拉黑了都不知道；听说微信群传播广，又开始在微信群"攻城略地"……这些人对微营销缺乏一个基本的规划，在哪儿发信息，在哪儿成交，应该心里有个大概的流程。比如，我们可以在公众号上做展示，在朋友圈里做基本的宣传，在微信群里做扩大宣传，最后再一对一地加好友做转化。这种四位一体的营销方式，只要持之以恒就一定会有效果。

2. 不会利用别人的平台和资源

我见过一个微商从业者的成功案例。这个人专门找代理，免费对代理进行培训并提供货源和一件代发业务。他们找客户就是靠派单，有专门的派单专员，每天固定在各种自媒体和微信公众号的群里找各种大号发软文，每天下来都能增加 100 多名意向客户，完全不需要自己去运营微信。这是一种可以借鉴的利用别人资源的方式。

3. 很多微商从业者最大的短板是不会成交

大部分微商从业者在成交环节上对自己产品的描述和第三

方见证都做得很到位，一天发几十种产品介绍，天天发表买家秀，这种营销方式很常见，但成交量并不好。其实成交的关键在于增加彼此的信任感，促成销售的因素有很多，完全没必要把自己吊死在一棵树上。

在这里，我可以教给大家一个最简单的增加彼此信任感的方法，那就是开一家属于自己的微店。在最后的交易环节，引导客户去店里交易，能在很大程度上打消客户对资金安全的疑虑。

4. 微商营销的成功秘诀

微商销售其实就那么几个操作方法，说多了理论是没用的，成交才是硬道理！在这个过程中，只有不断地学习、总结，调整方向和方法，才能真正快速成长起来。成绩不是等出来的，是用心做出来的。我想跟大家分享一下我总结出的微商营销中的一些心得：

（1）产品的品质是微商的关键，微商是靠质量吃饭的。

选好货源，是从事微商行业的一个重要保障，即使用再华丽的字眼把目标客户吸引来了，也实现了成交，但结果客户一使用产品就什么都知道了。千万不要把消费者当傻瓜。

（2）重视团队的力量。抱团作战远胜单打独斗。

个人的力量是弱小的，哪怕你有 N 个微信或微博大号，每个上面都有几十万的粉丝，但如果只靠一个人经营，一则精力有限，二则覆盖面窄，月收入过万元后就很难再有突破。重视团队的力量，就是重视微商的可持续发展。

重视团队的力量

（3）朋友圈不仅仅是卖产品的，要把微商当成一份事业，当成一个个人品牌去经营。

一味地靠吆喝是赚不到大钱的，只有善于进行资源整合、坚持革新的人才有大的发展。做微商的同时，要学会与品牌一起成长，这样才会有更大的回报。

（4）微信平台只是你的营销手段，而非阵地。

所谓的手段是拿来用的，而不能投入过多或抱太大的希望，只有踏踏实实地深耕产品，提升自己的专业水平，服务好客户才能有更大的发展。

（5）不断积累资源、发展分销。

产品是靠谱的，这还不够，得到客户认可是第一步；再进一步，能不能把客户都变成你的代理呢？如果能，想想这会带来多少成交？

（6）做好售后保障，关注持续发展。

一个固定的客户远比十个新客户要更有价值。做好客户回访，和客户做朋友，不一定每次谈话都得说到产品，哪怕是一句简单的问候，如"天冷了注意身体"都会瞬间拉进你和客户间的关系。让客户紧紧跟在你的身边。

（7）永远把引流放在关键的地位。

产品好是基础，但是没有持续增长的客户，光靠老客户也是不够的。要想把生意做好、做大，就要学会引流。微商引流是一门学问，有很多方式，需要我们持续不断地学习成长。

好产品+有效方法+执行力=成功的微商

徐婷讲完了，却没有得到预料中的掌声，她抬眼朝下面扫了一眼，发现很多人都还沉浸在自己的讲述之中。她微微笑了一下，端起茶杯喝了一口茶，润了润喉咙。此时，台下的听众似乎才从沉思中被唤醒，有人带头鼓掌，最后汇聚成雷鸣般的掌声。

这时，又有一位中年男子站起来问道："徐专家，您的见解使我有一种拨云见日的感觉，让人获益匪浅。我还想请教一下，怎样才能成为一名成功的微商呢？"

徐婷淡淡一笑说："这位先生提出了一个十分宽泛的问题，我想大家都很想得到一个标准的答案吧，不过很遗憾，我这里没有标准答案，对于这个问题，业内一直是仁者见仁、智者见智的。我只能谈谈我的个人见解，仅供大家参考。"

关于怎么才能称得上一名好的微商，我想，代理好产品＋方法技巧＋执行力＝成功的微商。进入 2016 年，微商已经火爆了两年多，从最初的星星之火到成为燎原之势，它的崛起标志着移动互联网时代的到来。所谓万众创新、大众创业，微商的发展得到了国家的战略支持———部手机就能开启创业之路，门槛再低不过了。越来越多的人想要加入微商这个创业大潮中来。尽管微商从业者中不乏月入上万的，但是失败的也大有人在，为什么呢？一些人是因为没有找到合适的产品，一些人是因为没有一个好的团队来指引他们，还有一些人则是因为没有坚持下去，也就是缺乏执行力。我个人很相信"一份耕耘一份收获"这句话，没有付出就没有成功，这是一定的。

在产品的选择上，考虑到未来发展，我认为应该从以下几个方面进行考虑：

首先，没有安全问题和风险的快消品是很合适的。

其次，化妆品类是一个很好的选择，尤其是那些包装好、外观吸引人的化妆品。

再次，结合自身考虑人群需求。比如你本身是 20~30 岁之间的女性，那么结合自身再去调查同样年龄段的消费者的需求，就会很容易找到商机，这是一种取巧的方法。

最后，产品的利润空间要大。如果没有足够的利润支撑，微商月入过万岂不是徒惹人笑？再者，微薄的利润也难以吸引代理商与你合作。

大家不妨想想，现在微商从业者中，销售面膜产品的不知凡几，原因不就在于面膜这个产品正好符合了以上这些条件吗？现在，女性消费市场已经被品牌商搅成了一锅粥，选择产品的时候就要尽量避免那些竞争激烈的货源，除非你已经积累了针对这些产品的精准粉丝，否则只能是事倍功半。

根据我的研究，目前微商界排名靠前的畅销产品有：

面膜，竞争对手超过 8 万家。

化妆品，竞争对手超过 6 万家。

减肥产品，竞争对手超过 4000 家。

酵素类产品，竞争对手超过 3000 家。

高端健康养生品，竞争对手也有十几家。

内衣类贴身产品，同质化非常严重，很难估计竞争对手。

…………

如何选择一个好的代理产品？首先我们得排除那些竞争激烈的，避免进入红海。已经很多人在做的产品，我们作为新手进入，可以说优势很小，尤其像面膜、综合类化妆品、减肥产品及高端健康养生品等，其实都是较为过时的产品了。如果盲目选择这些产品，能做好很难。

除去这些市场日趋饱和的产品，我发现手机贴膜是一个很值得期待的蓝海市场。为什么这么说呢？

第一，冷门、市场大、竞争小。现在谁都有手机，可以说人手一个，有些人还不止拥有一部。"低头族"已经成为街头一景，地铁、公交车里低头玩手机的人不胜枚举。而长时间盯着手机屏幕，不仅容易引起颈椎问题，而且手机屏幕中发出的光线中包含部分"蓝光"，可能会引起眼睛疲劳、干涩等症状甚至造成视网膜机能低下。而抗蓝光手机钢化膜则能解决手机蓝光对眼睛伤害的问题。

第二，选择品质好的产品，这是最重要的。我们反复强调，只有好的品质才能支撑一个长线品牌，才能做得长久。

小小的抗蓝光钢化玻璃膜，其实包含了很多智能科技，能够在很大程度上保护当今多屏时代易受伤害的客户。因为手机的更新换代以及人们对眼部健康的重视，这个产品是很有发展前景的。

选择好了产品，所谓的有效方法，无非就是精准引流。我总结出的有效方法主要有：

1. 互联网引流法

我们要学会如何在互联网中吸引客源。显然，每个人的人脉圈子都是有限的，只有不断拓展客源才能不断拓展自己的市场。具体操作方法这里就不赘述了。

2. 持续打造朋友圈

我们都知道想通过微信了解一个人只有两种方式：第一，与本人沟通聊天；第二，查看对方的朋友圈。因此，从事微商的人，你的头像就是你的店面 LOGO，你的朋友圈就是店里的门面和装饰。所以有技巧有方法地打造一个好的朋友圈是至关重要的。

再说说执行力。相信大家都有过被推销员介绍产品的经历，有的推销员能说会道，有时候你明明不需要他的产品，但可能就是被他的推销方法吸引了，最后成功下单。有的不会推销产品的推销员，可能你即使需要这款产品，但经过他不专业的推销，或者不能够抓住痛点持续跟进，你最终也没花钱购买。所以沟通技巧重要，坚持做一件事也很重要。

如何提高执行力？

执行力非常关键

当我们在销售一款产品的时候，首先考虑的不是马上卖出去，而是要熟读产品的特性，并能以通俗易懂的语言跟客户介绍。有些人只讲专业，不管客户能不能理解，照本宣科地说了一大堆专业知识，可能自己都是一知半解，能打动客户购买吗？

好了，说了这么多，其实都是成为一名出色微商需要具备的素养。我认为，只要拿出百分之百的努力并坚决地执行，相信大家想获得成功不是问题。总之，怎么成为一名成功的微商？无非是"代理好产品＋方法技巧＋执行力"。

让客户主动来找你

也许，徐婷的话真正切合了与会者的需求，她话音刚落，会场里就响起了热烈的掌声。一位顶着一头黄色头发的小青年急切地站了起来，说："徐姐，你的分享太给力了！听了您的分享，我才明白了'与君一席话、胜读十年书'的道理。我们做微商的，找好产品就够不容易了，维系客户关系也很难，那有没有什么办法能让客户主动来找到我们呢？"

"想让客户主动找上门？这当然最好不过了。在这方面，我还真有一些想法想与大家探讨。"徐婷又开始了她的心得分享。

现实中，几乎每个营销高手都是心理学家，都对客户心理有一定的研究。营销的关键点就是建立彼此间的信赖感，而建立信赖感的前提是弄清楚客户的心理，弄明白客户的真正想法及渴望，继而解决客户问题、满足客户需求，最终达到成交的目的。能做到这一点，让客户主动找上门就不成问题了。

想成为一名出色的微商从业者，就要不怕被拒绝。成功的营销都是从被拒绝中走出来的。不要怕被拒绝，要清楚客户拒绝你的真正原因是什么，找到客户的真正抗拒点，就能解决问题。营销高手不是只会向客户推销产品，而是要能站在客户的立场帮助客户了解并购买产品。他们的言行举止都向客户传递着这样一种信息：他们是在为客户谋利益，而不是一心想着掏空客户的钱袋子。要达到这种境界，就要学着认真揣摩客户的心理，了解了客户的喜好和需求，这样才能找到"攻心"的切入点。那么，我现在就和大家分享一下能让客户主动上门的五大营销秘诀：

1. 发掘客户的真正需求

如果你不知道客户想要的是什么，渴望的是什么，你是很难成功对客户进行产品营销的。而你知道了这些，还需要用准确的语言描绘出来，否则同样难以引起客户的购买欲望。

被证明有效的成交心理主要分三步：

第一步，进入对方的世界（描绘客户内心）；

第二步，把客户带到他的欲望边缘（引导客户）；

第三步，将客户带入你的世界（实现营销目的）。

实际上，近年来流行的"顾问式营销""营销教练技术"等，都是由以上成交心理过程演化出来的。整个过程中关键又重要的恰恰是第一步——能够用准确的语言描述对方的渴望和愿景，以期进入对方的世界。

2. 建立彼此间的信赖感

没有人会随便把钱交给陌生人，因为信不过啊！想要客户把他的钱放入你的口袋，你需要建立彼此间的信赖感。最常见的方法有：让老客户做见证、让自己更专业、让真正的专家为你背书，等等。

除了以上这些立竿见影的方法外，你还可以通过分步成交的方式建立信赖感。如果你想成交一笔金额较大的订单，那么不妨设计出多步走的成交环节。

第一步，让客户付出很小的代价就得到一定的价值，并开始获益。

第二步，进行咨询，为客户使用产品提供指导。

第三步，完成全部交易。

第四步，让客户对服务进行见证，通过老客户的背书去发展新的客户。

3. 让客户享受你提供的价值，再收取回报

QQ、微信、微博、360 杀毒软件等业内巨头都是靠免费起家的，最终却创造出巨大的收益，究其原因，就是因为他们先让客户享受了免费的价值，吸引来固定的客源后，再进行下一步的营销。

因此，你要设计出一个好的营销流程，让客户先体验到价值，而后再支付金钱。这样做，你的回报将会成倍地增加。如果你坚持先获得回报再提供价值，你很可能硬生生地将潜在客户赶走；如果反过来，先付出再求盈利，不但能够赢得更多的客户，你也将赚得更多。

4. 激活客户的好奇心

都说好奇心害死猫，同样地，好奇也会促使客户花更多的钱。如果你对产品的描述可以激发客户的好奇心，那么你就很可能再也不用担心营销效果了。从某种意义上讲，营销就是在"变魔术"，唤起客户的好奇心，就在一定程度上唤起了他们的购买欲。

让客户对你感到好奇

现在就立即修改你的产品广告词和相关软文吧，一定要让广告词像魔术、像谜语，让客户忍不住地想要掀开表面，看到内在。而揭秘的代价，就是购买！但是，这么做的前提是你的产品必须能够给客户带来真正的价值，不要存在欺骗的行为，不要挂羊头卖狗肉。欺骗只能一时，却会永远地失去客户对你的信任。

5. 必须给自己预留一定的测试时间

不管是做微商还是实体销售，没有什么放之四海而皆准的策略和方法。针对不同产品的营销，也要求从业者能对不同的营销策略进行组合与变通。因此，你必须在实施大规模营销策略前，小范围地测试你的想法是否真的可行。不要听到别人说什么方法好就直接照搬照抄，否则很可能引起水土不服。

因此，你必须在启动一个营销策略前，花一点时间和精力，甚至投入一部分金钱，去测试一下你的整体方案是否可行，看看客户的反馈是否热烈。这种测试将帮助你将风险降到最低。一旦测试结果良好，那就可以放心大胆地使用了。

如何激励老客户进行回购

当掌声响起的时候，肖燕走上台，抢在别人提问之前拿起了话筒："好啦，今天的沙龙已经进行了近两个小时了，由于时间关系，就不再由大家自由提问了。下面我想请徐专家分享最后一个话题'如何激励老客户进行回购'，可以吗？"肖燕一边说一边拿眼神示意徐婷。

徐婷则一边点头一边接过了话筒，开始了她今晚的最后一个话题分享。

随着微商事业的不断发展，每个微商从业者周围聚集的客户也越来越多，随之而来的问题就是我们应该怎么维护好这批老客户，让他们可以成为我们的忠诚客户，成为我们的真正的粉丝。

1. 如何管理好客户信息

我的体会是要把客户集中到一个"池子"里。

第一步，首先要先弄清楚我们的客户在哪里。微商界的客户相对比较分散，从业者们有通过 QQ 空间找到的客户，也有通过微博、微信找到的客户。甚至有些从业者因为在朋友圈里"晒"出一个产品，就有客户直接找上门来索要支付宝账号，付款购买的。换言之，很多购买行为可能是没有产生订单环节就实现了的，不像传统电商那样必须通过下单付款的方式实现。因此这个时候我们就面临一个问题，客户信息不好搜集。所以第一步我们必须先把客户集中到一个"池子"里。

　　具体怎么做呢？我的建议是通过 Excel 表格把所有分散销售的平台客户都集中起来。无论通过什么方式销售出去的产品，我们都得给客户发货吧，所以客户身上的标签就包括了姓名或昵称、收货地址及联系电话。我们把这些资料整理好，通过 Excel 表格建立一个客户数据库。

服务好老客户

2. 如何在购买环节维护好客户

　　传统电商销售环节，客户在购买的时候一般都会有订单催促、发货提醒、收货确认等接触环节。对于微商而言，客户的购买环节相应地简化了。

　　我相信大家肯定经历过很多人进店咨询后又不买的事情，并且，由于现在从事微商的人，很多都是单枪匹马地做，所以我们可能没那么多时间和精力去管理那些光是询问却没下单甚至跑单的客户。但是我觉得至少有两个点是大家要坚持做的：一是关注、跟进那些光咨询不下单的潜在客户；另外一个就是发货的时候，可以通过微信或其他方式提醒客户。如果可以在服务和体验环节做得比别人更到位一点，相信我们就会更容易形成品牌效应和良好的服务效果。

3. 如何维护已经购买的客户

　　客户购买产品之后无非有以下几种行为：

　　（1）分享。单纯地分享产品，或者介绍朋友来购买。

　　（2）回购。因为觉得产品不错，再次购买该产品或其他关联产品。

　　（3）流失。因为对产品或服务不满意，最后流失掉了。

　　大部分微商做的都是快消品、农产品，包括一些比较有特色的产品。而我们常说的粉丝并不是普通客户。其实客户第一次买了产品之后是称不上谁的粉丝的，最起码客户有过两三次购买经历，甚至帮你进行传播分享，转介绍之后才可以称其为你的粉丝。客户的养成过程基本是：潜客——新客——老客——忠诚客户——粉丝——分销商。所以我们需要在客户购买产品后对他们进行二次维护让客户能够产生二次购买。

具体操作建议如下：

首先，通过上述 Excel 表中的信息对客户进行回购周期分析，从中找出潜在粉丝。

其次，做好产品的周期营销工作。产品周期营销工作指在客户购买了产品之后，基于产品使用周期，我们对客户进行的维护。可以分为购买期、使用期、结束期和重购期。在购买期我们可以做好体验服务，在使用期则可以做好客户关怀，尤其是在产品使用期结束的时候要及时跟进，提醒客户进行二次回购或提供一些促销优惠等。

最后，对会员做好周期维护工作。微商从业者要在每一个消费周期内找到跟客户的接触点，跟进并维护好客户，当然这么做并不容易，需要耗费很多的时间与精力，因为大部分从业者本身缺乏一些工具端的支持，缺乏对客户数据的有效收集和整理。实际中，大家做得比较多的应该是定期的朋友圈分享和一些促销活动，如定期做一些抽奖等，这就是客户互动。

4. 客户维护中的关键点是什么

我想答案是客户细分下的精准定位营销。客户服务和营销的前提和核心就是精准，我们说对客户进行精准定位、精准营销等，都是一个意思。通过 Excel 表建立数据库并收集整理用户信息，其实就是为了我们后期可以更好地去精准定位客户。

我经常跟朋友们说不要在朋友圈发大量的广告，其实我感觉这也是一个"度"的问题。如何把握好自己的用户，如何从内容入手去吸引客户，这才是重点。为什么电视广告都要请风头正劲的明星代言，大家看的不仅是广告，更是一种潮流。

5. 维护微信的几个小技巧

微信是微商从业者的重要阵地，所以我想跟大家重点分享维护微信的几个技巧。

首先，我们来看微信中的几个重要功能：标签、群发、朋友圈、可见范围、提醒谁看以及地址栏。

标签：标签是方便我们给客户打上一些印记。这提示我们可以考虑对用户做一些分类，例如销售化妆品的微商朋友，除了标注客户的基本信息，我们还可以在跟客户交流的过程中了解客户是干性皮肤还是油性皮肤，以及是否过敏，并给客户打上相应的标签。

群发：群发要慎用。我不是说不能群发，而是我们要把握好什么时候可以给客户发信息，同时把握好给什么样的客户发。可以通过信息收集分组以及标签归类，给特定群体群发不同的内容。

朋友圈：朋友圈其实有些类似于店铺页面的广告促销界面，我们可以定期做一些互动和打折促销。当然，想要效果好，最好还是要结合"可见范围"和"提醒谁看"来进行。具体操作中，可以把同一个时段购买的客户或买过同一种产品的客户划分到一个组，然后针对不同的组发布不同的促销广告信息。

可见范围和提醒谁看：这两者都可以看成精准定位类的营销方式。很多时候，客户不是不愿意看广告，而只是想看适合他们的广告。所以，在甄别好客户信息后，针对不同的客户进行有区别的分享或者促销打折，才是最容易产生效果的。

地址栏：我们可以通过对地址栏信息的修改，强化用户对品牌的认知。我们甚至可以在地址栏下推送广告或进行老客户的维护。

做任何行业都是一样的，尤其是微商，短期内我们或许可以通过一些方法快速吸引来一批消费者，实现一定的产品销量，但如果要实现长期稳定的发展或形成品牌营销，就肯定需要老客户的支持。

微商从业者进行产品分销时最为依仗的还是自己的忠诚客户，产品用得好了，这部分人最终成为了你的代理，不是一件非常好的事情吗！也唯有此，我们的微商事业才能长久发展。

沙龙活动结束后，肖燕一脸兴奋地开车将徐婷送回家。临别时肖燕特意拿出一套名牌化妆品递了过去："婷婷，你今天的演讲太精彩了！谢谢你的鼎力支持！这是我特意为你准备的答谢礼。我也希望你今后能多多参加我们的沙龙，给我们带来更多的精彩演讲。"

第6章

Chapter Six

玩转朋友圈让销售额倍增

为什么可以在朋友圈做营销

这天一大早，徐婷就接到了陈老师的电话。原来，陈老师第二天想带一个团队去张家界，以游学的形式为大家授课。陈老师希望徐婷以助教的身份参加这次活动，询问她是否愿意。徐婷当然是毫不迟疑地同意了。

挂了电话，徐婷赶紧洗漱收拾，匆匆吃过早饭就往教室赶。今天陈老师还有重要的课程要讲，她可不想错过。

走进教室领到讲义，徐婷看了一眼讲义上的大标题"玩转朋友圈让销售额倍增"，心中不由得一动，立马找了一个前排的座位坐下。

陈老师抬手看了看表，见时间差不多了，就清了清嗓子说道："我们做微商的人都知道，最开始都是从朋友圈起步的，那为什么朋友圈可以成为微商的营销阵地呢？现在我就为大家详细分析一下。"

世界营销大师克里曼特·斯通曾说过："未来的营销，不需要太多的渠道，只要让你的产品进入消费者的手机，这就是最好的销售路径。"

用微信朋友圈来做营销活动更适合那些专业化程度高、有一定门槛、行业比较小众、没有大品牌抢占市场的产品。另外，一些单价比较高的产品，无论是美容类产品还是一些奢侈品等也适合在朋友圈销售。单价高就意味着不需要太多的客户做支撑，也可以达到不错的销售额。

朋友圈是重要的营销阵地

作为一个不见硝烟的营销战场，朋友圈营销有四点优势是其他营销方式难以企及的：

1. 精准性

朋友圈的建立基础不是工作关系就是同学、老乡。换言之，朋友圈里大多是熟人，对于营销而言，在朋友圈进行营销能做到知己知彼，因此，营销的精准性特别强，减少了营销时候的盲目性。

2. 信任度

信任比黄金更珍贵，建立生意关系的双方彼此间是需要一定的信任感的，没有信任，就没有长期的稳定客户。朋友圈的信任度建立要比其他方式更加快捷方便，减少投入成本。

3. 私密性

微博就像一个大的会客厅，大家一顿海吹神侃，但微信就像私聊小单间，在保有一定的私密性下彼此间有机会静下心来完成营销活动，进而达到销售的目的。

4. 影响力

朋友圈的影响力是其他销售途径无法比拟的。朋友传递给朋友，这是典型的连环人际模式，能让我们的人际网在短时间内呈现出几何级数的膨胀。

朋友圈营销因为没有同平台竞争，压力小很多。只是因为产品的适应性不是很广，也没有淘宝直通车之类的引流手段，完全需要靠自己一点一点苦心经营起来。但前期付出多一点，客户的保质期也相对较长。

一些朋友会有困惑，朋友圈里都是自己身边的亲朋好友，自己实在不好意思在朋友圈做营销。但我记得马云说过一句话："兔子先吃窝边草，生意要从朋友做起！"其实只要你的产品有价值，为什么不先从朋友开始呢？能够给朋友带去好的产品难道不好吗？

玩转微信营销的方法

"下面我再给大家讲一件玩转微信营销的方法。"陈老师开门见山地说道。

微信营销，这是一个以分众和精众市场为目标的营销模式，是目前营销新时代的先锋和代表。因为拥有了海量的用户和实时、充分的互动，微信营销才成为了营销利器。

我们根据实践，结合当前企业和媒体营销的主要手法，总结出了微信营销中的几种方式，分享给大家。

1. 助力营销方式，也可以称为"病毒式传播"

助力营销方式是"病毒式传播"中的一种——通过朋友间的不断转发和支持，实现内容的快速传播。助力营销通常的实现方式是，技术公司在制作活动微网页时，添加了"助力"一栏。用户参加活动时，在活动页面输入自己的姓名、手机号等信息，点击报名参与，即进入具体的活动页面。

用户如想赢取奖品，就要将该内容转发至自己的朋友圈并邀请好友助力，获得的好友助力越多，获奖的概率也就越大。为发挥助力者的积极性，举办方往往会让参加助力的好友也获得抽奖机会。就这样，在大奖的吸引下，报名者与其众多好友同时参与进来，在不断的关注和转发下，实现了内容的广泛传播。

2. 抢红包营销方式，也称为"精众传播"

这种方式往往有立竿见影的效果。

抢红包营销，是通过"抢"的方式吸引网友积极参与，在一段时间内引起大众的强烈关注，找到潜在客户，并实施有针对性的营销目的。这种营销方式一开始比较适合电商，因为客户得到红包后即可在网店中消费，这样一来，既能推广品牌，又拉动了销售业绩。但现在一些微商从业者也通过这种方式赢取了客户的关注，增加了销售额。

红包也是敲门砖

3. 流量营销，也叫"痛点营销"

这种方式具有快速传播的特点。

互联网时代，流量为王，对上网族而言，流量就像"人之于水，车之于油"。因此，抓住消费者的痛点，也就抓住了营销的根本。

如何为企业引流呢？我们可以借助微信第三方企业搭建移动网站，用户能够直接在移动端了解企业品牌、产品及动态。这样的一个流量平台也是一个促成用户与企业间完成交易的平台。

4. 节日营销，利用温情传播品牌

每到逢年过节，互致问候是中国人的良好传统。现在，微信祝福逐渐流行，一段语音、几句文字、一个视频，简单又温暖。节日营销就是利用节假日人们互送祝福的机会，在微信文字或视频中植入品牌形象，这样能恰到好处地进行宣传推广。

5. 众筹营销

所谓聚沙成塔、集腋成裘。

众筹是指用团购或预购的方式向用户募集项目资金，实现销售的目的。对于传统的融资方式，众筹更为开放，也更灵活。对圈子进行精准把握，是微信在众筹里的核心竞争力。

微信众筹营销更多地用于了产品的售卖。这种传播方式快，影响范围广，产生的效益也更大。

6. 新闻营销

让品牌随着新闻传播。

新闻营销，是指借助突发新闻或关注度较大的新闻，植入软文进行传播。移动互联网时代，新闻的传播速度常常以秒计

算，地球成了真正意义上的地球村。当一个有潜在转发率的新闻出现时，如果能见缝插针地植入自己的广告软文，其传播影响力自然是不可估量的。

7. 生活营销

一种润物细无声的方式。

生活营销，是指把人们关心的日常生活知识发布到微信平台上，这些信息被大量转发，其间植入的软文也就被很好地传播了。

如今，人们对生活质量的要求越来越高，对生活知识的需求也越来越大，有关生活类的知识在网络上的转发率相当高，如常见的冬病夏治、节假日旅游、各大美食去处、最美民宿等。凡是与生活、旅游、美食、教育等相关的信息，都很容易引起人们的关注。而这些信息不但适合转发，而且很多人会因为喜爱而收藏。这样一来，就相当于对信息进行了二次传播。因此，在一些有传播潜力的生活类信息中植入我们的产品图片、文字介绍或埋藏链接等，都是不错的营销方式。这种方式最大的特点就是润物细无声，很多人即使转发之后也没有意识到信息中其实是包含着广告的。

8. 测试营销

依靠好奇心进行信息传播。

所谓测试营销，就是指通过一些小测试，如智商测试、心理测试、星座测试等来对一些品牌进行传播。今天的微信圈内，各类测试风靡一时，朋友间互相转发这类测试的也很多。这类测试的页面最后，往往附带一句话"分享到朋友圈，测试答案会自动弹出"，这么一来，为了获得测试答案，我们也要动动手指进行分享，而藏在这些题目开篇或结尾的网站、咨询机构等，就获得了相应的传播机会。

国内移动互联网的快速发展，给新兴媒体营销人带来了巨大的营销机遇，带来了展示自己营销思想与才情的机会。微信朋友圈，因为聚集了一群信任度高、相互了解的朋友，成为了口碑营销的最佳场地，而它的高关注度和高转发率，为营销提供了飞翔的机会。虽然有人反感朋友圈营销，但只要我们用得恰到好处，能给用户带来知识、乐趣，甚至是一定的收益，那么就能实现可持续发展。做好微信营销，再小的品牌，也可能在下一秒创造出大奇迹！

微信朋友圈运营技巧

"如何经营朋友圈？我们应该掌握哪些技巧和方法？现在我就跟大家分享一下我的经验。"陈老师那带有磁性的男中音格外悦耳，"我归纳了十大秘诀，请大家不要急，听我一一道来。"

1. 定位

营销的第一要素就是定位，做微商其实就是在做营销，所以我们必须清楚自己的定位。你准备卖什么产品，提供什么样的服务，自己应该很清楚。如果说你卖的是养生产品，那你的目标客户就是注重养生的人群，那你的微信内容就应该跟着这个思路，我们就要做个养生领域的"专家"。你所分享的内容都应该是客户所关心的话题，你的定位越精准，目标客户的转化率越高。粉丝不在多，而在精与准。

2. 提供价值

我们可以逆向思维分析一下，别人为什么要关注你？除了是你的朋友之外，更多是因为你有价值。长得漂亮是一种价值，文章写得好是一种价值，你的产品能够帮到对方也是一种价值……总之你的价值是什么，你能给别人提供什么，是应该要弄清楚的。我们必须挖掘自身的优势，然后放大。

3. 视频分享

微信的小视频分享对于微商从业者来说是非常好的。比如你在整理货仓，你在打包发货，你的产品使用过程，等等，都可以通过视频的方式进行分享，这样能给人一种真实可信的感觉。

4. 分享生活

很多人在朋友圈发的内容都是广告，我不知道这些人是真的不懂分享，还是不愿意分享。微商是一个生活化的营销，也是一种情感营销，如果全是广告，生活何在？情感何在？别人根本不了解你，怎么会买你的产品，怎么放心跟你做生意？在朋友圈进行生活分享，可以增强与客户之间的情感，拉近与客户的距离。另外，这样做的好处是，跟客户之间进行实时互动，能够第一时间得到客户反馈。这是一种非常正常的营销方式，并不算炒作。如果做微商而不懂这一点，将很难做好。

5. 坚持原创

我曾经调查过很多做得不错的微商从业者，我发现这些人有一个共同点，就是他们的朋友圈内容基本都是原创，很少发布复制粘贴的内容。一些做得不好的微商，基本都喜欢在朋友圈当"搬运工"，而那些习惯了复制别人内容的人，往往不会独立思考。

做微商看似简单，其实未必，做得好的微商时刻都在思考下一条微信该如何发，怎么写才能引起粉丝的注意，引起客户的关注。这样的人才能经营好朋友圈，才能做好微商。原创，尽管不容易，但能让目标客户知道你的性格，知道你在用心做事，甚至因为欣赏你的态度而拉近你们的距离。

6. "混"圈子

无社群不微商，这句话说的就是圈子和社群的力量。一个做得好的微商，一个能在微商活动中赚钱的人，一定有自己的圈子——不管是线上还是线下。做微商，人脉是很重要的，"人脉就是钱脉"，这句话是真实有效的。我建议微商从业者都应该参加一些线下的论坛或聚会，这样能提升你在圈内的知名度，可以与一些圈内大咖进行近距离接触。或许，一次聚会就能成为一个非常好的"涨粉"机会。此外，参加完这些论坛活动之后，你一定要分享到自己的朋友圈，这也是自我包装、宣传的一种方式。

7. 借力营销

这一点与第六点是相辅相成的。具体做法无非是，你去参加一些线下论坛或活动的时候，见到了一些大咖或一些圈子里有影响力的人物，一定要主动争取与他们合影并进行沟通交流。换位思考一下，如果你看到朋友圈里有人与一些业内"大牛"合影了，你是不是会觉得"这人不错，应该还是有两下子的"？那些懂得"借力"的人，总是更容易获得成功，而只靠自己努力向上的人，速度自然会慢一些。

8. 互动话题

朋友圈的粉丝数量有没有变化，转化率如何，和你与粉丝的互动频率有很大的关系。因为互动可以增强彼此之间的情感。互动的时候，可以知道对方的情况以及对方的需求，这样才能更好地进入下一个营销环节。在朋友圈里发微信，有些事情根本不需要说得很明白，也不能太严肃，要尽量做到娱乐化地推销产品。

9. 柔和刷屏

在朋友圈刷屏没有错，做微商没有不刷屏的，不刷屏就卖不动产品，但是，怎么刷屏却是一门学问。到底一天发多少条微信合适呢？微商从业者一般一天发 5~10 条是比较合适的。其中包括：两条产品广告，三条生活分享，一条情感，其他则可以根据心情进行分享，有就分享，没有就不发。一定要坚持原创，要有内涵，在娱乐的同时具备一定的亮点。

刷屏要柔和

10. 坚决执行

最后一条秘诀，也是最难的，这就是执行力。做微商拼的是毅力，谁愿意分享，谁愿意积极互动，谁愿意努力推广，谁的收获自然就多。做不好微商的人，大部分是因为懒。因为懒得互动、懒得思考、懒得分享……结果自然不太好。

朋友圈的互动秘诀

如果你的朋友圈有着非常强的吸引力，自然你发布的信息点赞、评论数就会很高，也能从侧面说明你的微商做得还不错。而想实现这个目的，当我们吸引来一定的潜在客户后，就一定要做好互动工作。具体要怎么操作呢？

首先，朋友圈的内容质量要高，最好是原创。

至于其中的原因，我们前面已经讲过，这里就不再赘述了。

其次，掌握好互动的频率。

频率不要太高，不要想着跟别人做好互动，就哗啦啦一个劲儿地点赞或者评论。虽然本意是好的，但次数多了也容易让别人感到厌烦。所以，互动的"度"要把握好，不能少也不能太多。

最后，掌握一定的互动技巧。

不要想着"一招鲜吃遍天"，要针对不同的朋友采取不同的互动方式。有时候点赞，有时候评论，评论要有的放矢。一定不要千篇一律地回复别人。想引起对方的注意，就要学着换位思考，多一点创新自然能换来更多的关注。

经过大量调查，我们总结出五种能够提高互动效果的方法：

1. 提问式互动

提问式互动是最常见也是最有效的一种方法。

不同的提问方式会导致不同的互动效果。比如我们准备去香港旅游，如果只是单纯地分享一些游玩的图片或美食，互动肯定会有，但会不会有很多人参与就不一定了。但如果你在朋友圈里询问香港有什么好吃的或者好玩的，希望大家推荐给你，那么，肯定会吸引一大帮人来回答，甚至有人还会主动让你帮着代购。这就是陈述式互动与提问式互动带来的不同结果。

同时，相比于"单机版"的图片和文字，提问式互动也容易营造一种参与感和亲近感。不管是跟目标客户聊天还是招代理，都可以通过这种方式来"破冰"。

2. 自黑式互动

自黑式互动就是通过自我贬损来达到让别人开怀大笑的目的，进而引起别人的好奇心与结交兴趣。这是一个非常有用的技巧，当然也有一定的难度。因为自黑这种事情也是有"度"的，做得好就能拉近用户目标客户之间的距离；做得不好，会惹人反感，适得其反。

3. 神秘式互动

所谓的神秘式互动，无非是引起目标客户的好奇心，吸引他们的关注度，进而拉近彼此的距离。比如你发了一条朋友圈，说准备干一件大事，配图则是一件婚纱，别人肯定会猜你是不是要结婚了，如果是，那准备跟谁结婚呢？在目标客户关注你的过程中，适时地抛出一些似是而非的"解释"，直到最后给人一个出乎意料又合乎情理的解释。

这一方法运用得当会在短时间让你成为朋友圈的焦点，"吸睛"效果非常好，但是切忌无病呻吟、毫无乐趣，否则一样会招致反感。

我曾经遇到一个微商朋友在朋友圈里发了 9 张蒙着脸的婚纱图，让别人猜第几个才是她，猜中者有红包奉上。就这么一条简单的互动微信，短短几个小时引来了 100 多条回复，可以说效果非常惊人了。

4. 娱乐式互动

其实，娱乐式互动往往与神秘式互动结合在一起。比如，用某个神秘的话题引起大家的好奇，最后揭晓答案的时候又能让别人感到有趣，这就实现了最初的目的了。

现代人生活压力都不小，能够把别人逗开心的人自然招人喜欢。

5. 有奖式互动

这是利用人类爱贪小便宜的心理，这一条适合绝大多数的目标客户。奖品不用贵重，但是要花一些心思。比如，你的目标客户如果大多是年轻的女孩子，就可以把口红、指甲油、护肤品小样等作为奖品，吸引她们的参与互动。如果你的目标客户是一些年轻妈妈，那么，一本质量不错的亲子阅读绘本、一些安全可爱的小玩具就是很好的奖品选择。

抓住客户的心才能实现真正的成交

"我们要明白一个真理，抓住客户的心才能实现真正的成交。"陈老师不急不忙地说。

很多微商朋友很苦恼，好友加了不少，朋友圈也经营得不错，互动量也不差，但是产品的成交量依然少得可怜，这是为什么呢？答案很可能就是——因为你没有研究过客户的消费心理！

做微信营销，只有把握好客户的消费心理，抓住客户的心，才能实现真正的成交。

1. 为客户解决问题

透过现象看本质，找到客户的真正需求，客户想要解决的问题是什么。永远只给客户想要的。不要围绕着自己的产品做文章，一定要围绕着客户的问题做文章。

思考一下，客户买我们产品的原因是什么，我们的产品能帮助他解决哪些问题……弄清楚这些，才能在介绍产品的时候与客户产生共鸣，甚至唤醒客户的沉睡需求。

2. 让客户感觉占了便宜

所有人都不喜欢便宜货，但是几乎所有人都喜欢占点小便宜。如果你能够满足客户占小便宜的心理，那么成交自然水到渠成。

微信营销中的"免费赠送""免费参加"为什么能那么吸引人，关键就在"免费"这两个字上。如果我们不能大手笔地实行"免费"，即使能够帮助客户省一点钱也是好的。在做宣传的时候，最好能把数字加上去，以此增加吸引力。我们不妨思考一下，你的产品如何能够让客户在购买后，感觉捡了一个大便宜？

3. 与客户保持一定的距离

所谓距离产生美！在人际交往中，过近或过远的空间距离都会使人产生排斥或抗拒心理，进而导致交流障碍。适当的距离感可以增强产品对顾客的吸引力，让客户对你和产品产生强烈的好奇心。

因为距离产生了好奇心，而好奇心会引起神秘感，这个规律适用于所有的营销活动。一套降龙十八掌，你只给客户露了五掌，客户就会对剩下的十三掌产生好奇；如果前五掌让客户受益了，他就会愿意掏钱购买剩下的十三掌。相反，如果你把十八掌一下子全展现出来，客户看了，明白了，也就未必愿意花钱购买了。因为我们对于非常了解的东西往往就没有那么大的兴趣了。

4. 帮助客户实现梦想

我们每个人内心都会有梦想。如果说第一条"为客户解决问题"满足的是客户的实际需求的话，那么这一条就是为了满足客户心理需求的。我们要做的就是清晰地描绘客户内心渴望的梦想，以及在实现梦想的过程中遇到的困难和产生的欲望，并据此找到解决方案。真正的微商高手，是先找到一类客户的梦想和欲望，找到客户的真实需要，再根据客户的需求提供产品和服务，而不是一味地追着客户推销自己的产品。

微商要能帮助客户实现梦想

5. 一定要让客户感受到你的真诚

如果把微商行业的营销看成一场博弈，那么真诚就是我们的底线。一切情感信任的建立基础都是真诚，所有人都会下意识地远离那些不能给自己带来安全感的人。微商从业者，一旦在客户心里失去真诚感，面对的就一定是客户的流失。

第7章

Chapter Seven

────○ 靠文案塑造个人品牌 ○────

软文：为微商事业争取一席之地

在宾馆会议室里，陈老师通过投影仪将讲义的内容展示出来。几个黑体大字映入了人们的眼帘：靠文案塑造个人品牌。陈老师接过徐婷递来的话筒，顺手放在了前面的茶几上，清了清嗓子，用动听的男中音说道："今天大家都累了。我们观赏了黄石寨的奇美风光，重温了金鞭溪的动人神话，美丽的十里画廊也让我们流连忘返。只是美了眼睛，苦了双腿，到现在休息了两个多小时，想必大家与我一样，两条腿还在发颤吧！所以今天我就有点不顾礼貌，放浪形骸了。"边说着边坐了下来，"只能坐着给你们讲课了。"房间里的众人纷纷报以掌声和此起彼伏的笑声。

陈老师也笑了，继续说："请大家海涵啊！我们这次出来的任务就是玩好更要学好，白天我们既然玩好了，晚上就得落实好学习任务。我会尽量勾勒重点，争取让大家早点休息。好，闲话少说，言归正传。"陈老师一点鼠标，银幕上出现了一行字

"软文：为微商事业争取一席之地"。

在这个"微时代"，有老板梦的年轻人都在时刻准备着，当然，很多已经开始行动起来，有的已经经历了失败或成功。创业，说难，难于上青天，总归是失败的多，成功的少；说简单，也不算错，掌握了其中奥秘，一步登天也不是梦。而微商，就是实现这种梦的优质载体。

微商事业的成功，离不开软文的保驾护航。我们之前总说软文，究竟什么是软文？其实是由企业的市场策划人员或广告公司的文案人员撰写的"文字广告"。与传统的硬广告相比，软文的精妙之处在于它可以将宣传内容和文章内容完美地结合在一起，让用户在阅读文章的时候能够了解企业和公司所要出售的商品。

与淘宝等众多只能干巴巴地展示产品、价格的平台相比，软文不得不说是互联网创业时代的一个创新。一篇好的软文不仅可以让客户看到他感兴趣的文章，还能在潜移默化中让客户了解我们希望他们了解的产品内容。当你单纯地看到一个商品时，可能并不容易心动，因为很多人对赤裸裸的广告语已经"免疫"了，但当你看了一篇介绍它的软文时，你很可能被文章中的一句话打动，或者被文章里传递出的一个观点折服，就动了购买的念头；而这正是软文的魅力所在，也是让微商在异常惨烈的电商大战中，占据一席之地的关键之处。

对很多创业者来说，资金是一个不得不考虑的因素。尤其是小型企业，他们的创始人大多并不是什么富豪，这就在一定程度上限制了企业的发展。要知道，一个小型企业如果没有大量的资金投入宣传，是很难打开局面的，但是，传统的广告费太贵了！

然而，微商软文的出现，拯救了这样的小企业。只要文笔好，能写出合情合理的软文，在移动互联网的快速传播下，广告费几乎可以忽略不计了。一篇好的软文会引起大量的免费转载，这样就扩大了软文的传播范围，便于制造出更多的话题来引导人们讨论，从而使更多的客户对你的产品产生共鸣，让客户主动接受企业信息。

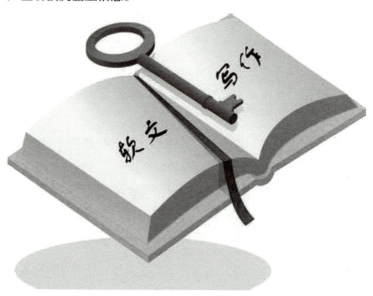

软文让营销事半功倍

另外，一篇好的软文还可以提高企业的知名度，这是小型企业迅速蹿红的一个捷径。一篇好的软文能够让客户不仅对产品，更对企业产生好的印象。而对于一个企业来说，知名度有了，品牌效应还会远吗？

想写一篇好的软文有什么要点吗？我们帮助大家总结了一

些需要注意的地方。

1. 在软文中嵌入合适的关键词

对微商从业者而言，把软文发布到新闻源或者其他受众很多的网站上面就会引来潜在客户的阅读与转载，因此，在文中嵌入合理的关键词，就能够增加被别人搜索到的机会，进而增大产品的传播面。

2. 讲故事是最好的软文存在形式

软文的表现方式其实是多样的，有故事式、疑问式、情感式、猎奇式、恐吓式和新闻式等。其中，故事性的软文最容易被大众接受，也是最能体现出软文"神出鬼没"特质的方式。不管什么年龄段的人，大都喜欢听故事。如果你的故事具备足够的趣味性和知识性，那么必然会吸引更多的人转载传播。

有一个特别经典的案例我们不能不提。这篇软文曾经风靡微博、知乎及很多人的朋友圈，被无数人争相转载。我们可以通过分析这个软文的写作方式，发现其中的奥秘。故事大致如下：

这是一个公款出差，但任务失败，可最后还是功成名就的"逆袭故事"。故事从 2000 年前说起……

当时汉朝正准备抗击匈奴，一次偶然的机会，汉武帝从匈奴俘虏那儿得知"西域有个叫月氏的国家，其首领被匈奴干掉了。新的月氏王虽然报仇心切，但却力不从心，只好举国西迁……"

汉武帝一琢磨，立马想到个计划："我们可以联合月氏一起打匈奴啊！两边一夹击，不就瓮中捉鳖了嘛！"汉武帝很兴奋，觉得胜算大了。但有个很现实的问题摆在他面前，得找到月氏才行啊，换句话说，就是必须出使西域。隔天，汉武帝就宣布了初始计划，但满朝文武的反映却是鸦雀无声……

因为从长安到西域，足足有七千多公里！路上尽是流沙与荒漠，没几年都走不到。但这还是次要的，路上还得经过匈奴的控制区，要是被抓住，那还活得了？

没人想去，当时大家一致认为这是一趟几乎不可能完成的任务。有人可能会说了："汉武帝干吗不直接指定一个人去啊？"这还真不行。要是那人心不甘情不愿，知道是去也是送死，干脆在外边转悠些年，回来后编些假情报，那岂不把汉武帝坑惨了？

没人肯去，强迫又不行，汉武帝表示很为难。这时，一个小官站了出来，他说："我去！"这人的名字叫作张骞。为啥他肯站出来呢？主要是他觉得自己这官当得没前途——张骞的官是亲戚朋友凑钱给捐的，前途有限，他觉得不如投机一回，说不定能捞到个建功立业的好机会！

汉武帝乐开了花。于是当场给他升官三级，然后让他挑选随从。张骞前后挑了一百来人，最后带上会匈奴语的翻译堂邑父，就这么出发了。张骞原以为这一趟会走得非常艰辛，但事实证明他想多了——他们刚出门右拐，就被匈奴抓了。

　　既然抓住，就得拷问。张骞咬紧牙关，硬是什么都没说。但手下的人扛不住，还是把准备联合月氏攻打匈奴的事说了。匈奴人一听炸了锅了，于是把其余人都杀了，只留下了张骞和堂邑父，并把他们赶到楼兰去了。顺便还给张骞配了个妻子，打算用情感瓦解张骞。就这样，张骞在匈奴足足待了十年，才逮住了机会逃跑。

　　那天，他和堂邑父穿着胡服去打猎，结果一上马就往外狂奔，最终逃跑成功。张骞没有回长安，而是选择继续西行。没多久，到了大宛。张骞受到大宛国王的热情款待，还得到了一匹大宛特产——汗血宝马。有了这装备后，张骞很快就到了月氏。谁想，月氏对汉武帝抗击匈奴的提议并不感兴趣。但张骞还是在那待了一年多。既然合作不成，他就收集了一年的情报。比如："这里有哪些国家""匈奴的弱点是什么""西域的风土人情是啥"，等等。

　　张骞回去时避开了匈奴的控制区，打算从羌人的居住地绕回去。没想到此时这里已经被匈奴占领，他又被捕了。匈奴人没有杀他，又把他打发到楼兰放羊。但才过一年，匈奴单于去世导致匈奴大乱，张骞带着妻子一起东归，回到离开了十三年的长安。

　　张骞带回了大量有关西域的宝贵资料。三年后，张骞随大将军卫青一起出击漠北，最终大败匈奴。张骞完成了他的使命，历史也记住了这位坚韧不拔的探路者。

19 世纪 70 年代，德国地理学家李希霍芬将张骞当年走过的这条道路正式命名为丝绸之路。而 2000 年后的今天，为响应国家"一带一路"的理念，新华社带上一位王者又踏上了这条兴盛之路，它将穿过飞扬的黄沙，追随逝去的驼铃，踏上万里行程，它就是——途观。

这才叫"我猜中了开头却没有猜中结尾"，一个软文广告植入得如此用心良苦，不到最后一刻，我们都以为这不过是个讲张骞出使西域的故事。

3. 紧跟潮流，注重信息的共享性

随着互联网行业的发展，尤其是搜索引擎的出现，信息共享得到了很大的发展。软文相对于一些硬性广告，在信息共享性上具有天然的优势，所以，微商的软文创作就要利用好这种优势，以便获得更好的传播。

4. 排版上要做到段落分明、标题简单

好的排版格式可以提高读者的阅读速度，防止读者对软文产生审美疲劳。因此在排版的时候一定要注意细节，让软文的排版格式适合大众阅读习惯。

段落分明、标题简单的软文是最受读者喜欢的，不仅能够一目了然、节省时间，还能让读者更快地找到自己感兴趣的段落。另外，如果软文中有图片的话，图片和文字的配比最好符合黄金分割法则，这样的阅读设置不仅方便，读者读起来也更

舒服。

5. 语言通俗易懂

好的软文不需要堆砌华丽的语言，通俗化用语才能获得读者喜欢。要知道，语言华丽不是目的，软文的目的是让客户读得懂。一个好的软文决不能过于看重华丽的辞藻，它的重点应该是通俗化、商业化和锐利化。如果读者读都读不懂，再美的文字又有什么意义呢？

6. 突出产品亮点，加深客户印象

微商行业一定是"产品为王"，如果想让自己的软文达到很好的宣传作用，从而带动产品销售，那么就必须善于发现产品亮点。只有挖掘出产品亮点才能让读者对你的产品有一个精确的定位，进而快速锁定目标客户，实现良好的宣传效果。

怎么讲一个好故事

陈老师轻点鼠标，"怎么讲一个好故事"的标题就出现在了银幕上。

我们刚才已经谈到，软文的最佳载体就是故事，让客户在故事中记住产品是非常成功的营销手段。那么，怎么讲一个好故事呢？

1. 详略得当、重点突出

讲故事似乎谁都会，但要把故事讲得好听就不容易了，想通过讲故事推荐产品，那就更是难上加难了。

一个好的软文故事，一定建立在宣传者良好的构思与文字上。内容一定要详略得当，重点突出，否则讲了半天读者却不知道你要表达的意思，讲故事也就失去了意义。

2. 照顾目标客户的思维方式

不同产品的目标客户群是不同的，如果聚焦到产品上，它的诞生、发展，它能带给顾客的好处，等等。我们可以选择一些生动、有趣的细节，把它们串成一个有趣的故事，这也是一种软文的创作方式。就像销售大师保罗·梅耶说的那样："迎合顾客喜好，吸引顾客注意，使顾客产生兴趣，进而毫无困难地达到销售的目的。"

3. 文字要形象生动

打动客户最有效的办法就是形象的描绘。就像有一次我和好朋友一起去逛街，看到一件衣服，他开始只是觉得还不错，但试穿之后他马上决定买，就是因为那位销售说了一句话。什么话呢？销售对我朋友说："先生，这件衣服穿在您身上，您真叫一个玉树临风啊！您都可以直接穿着去参加婚礼了。"而只有我知道，我朋友周末恰好准备去参加一个婚礼。这个销售也算很会说话的，能够把"英俊""帅气"等形象与婚礼现场联系起来，瞬间就击中了朋友的购买欲望。

你的故事是什么

4. 巧用幽默的语言

每个人都喜欢和幽默风趣的人打交道，谁都不愿意和一个死气沉沉的人待在一起，所以一篇语言风趣幽默的软文自然更得大家喜欢。

幽默是成功销售的金钥匙，具有很强的感染力和吸引力，能迅速打开客户的心门，让客户在会心一笑后，对你、对产品或品牌产生好感，从而引起客户的购买欲望，促成交易迅速达成。

总之，一个出色的微商从业者，一定是一个懂得如何通过语言艺术推广产品介绍的人。可以这样说，一个成功的微商从业者，要培养自己的语言魅力，在关键时刻，语言是最强的加分利器。

你卖的是结果，不是产品

怎么让自己的文案脱颖而出？其实有句话说得很好，不要去卖产品，而是要卖结果。

这句话怎么理解？微商从业者最容易犯的一个错误就是把90%的时间放在产品本身，而忽视了客户的感受，一味强调自己的产品好，但只要客户不需要，再好的产品跟客户又有什么关系呢？其实，产品永远只是一种手段、一个工具、一个途径。

我们的产品，必须无限接近客户的所思所想，越能做到如此，客户就越容易采取购买行动。

如果我们给了客户一个模糊的结果，那么客户自然只能回馈给我们一个模糊的行动；没有清晰地向客户表达出你能给客户带来什么，客户就无法做出清晰的行动。

这种问题在传统的电视广告中也存在。比如有一个凉茶品牌叫"和其正"，他们率先推出了瓶装凉茶，这原本是一种创新，但他们的广告语是"瓶装更尽兴"。这就是一个很模糊的概念，我问过周围很多朋友，大部分人对这个广告语印象不深刻。

文案注重结果导向，那在设计文案的时候需要注意什么呢？

1. 让客户轻松获得结果

不管是行文风格还是文案中包含的故事本身，能简洁就不要复杂，能用三句话讲清楚就不要拖拖拉拉写十来句。三句话还不能切入正题，可能客户已经没耐心再往下看了。

2. 让客户快速得到结果

现代社会的节奏越来越快，人们什么都求快。抓住这个关键点，并在文案中体现出来。为此，你必须直白地告诉客户你可以让他快速得到的结果。比如"10 天就能说一口流利的英语""21 天可以成功减掉 10 斤"，等等。用数字把目标具体化，是一种很好的文案写作方法。

3 让客户安全得到结果

食品安全、空气水源安全，让大众的神经时刻处于紧绷状态，如果你的产品确实安全，那就大声说出来，让客户明明白白地看清楚。比如"可以喝的纯露""可以吃的唇膏""无农药无公害的安全农产品"，等等。

4. 让客户简单得到结果

这一点涉及产品的包装、设计和使用。简单并不意味着不用心，想把简单的事做复杂并不难，但要把复杂的事简单化就难了。文案写得简单实用，却能打动客户，这才是文案的最高境界。包括我们的产品也是这样，是不是随时都可以用？上班的时候、开会的时候都可以用，不管在路上还是在车上，都能使用？

复杂是一种"病"，95%的人都生活在复杂的环境里，但人人都喜欢简单。所以你的产品必须简单，销售流程必须简单，文案更应该简单。

举个例子：我们去商场买一套西装，西装售卖在二楼，付款在一楼，改裤脚在三楼。如果是一个七八十岁的老年人想买套西装就很麻烦。所以不管线上还是线下，不管是传统电商还是微商，我们的销售流程也应该简单。有调查表明，在销售中每减少一个流程环节，成交率就会提高至少10%。大家有没有发现，这个世界上，越成功的人越简单。

文案要突出产品卖点。什么是卖点？很多人的理解是极为抽象的，这也导致了他们很难从实际出发，为自己的产品找到卖点。

我们其实并不需要研究专业术语，而只需要遵循商业常识，立足购买的本质，便不难解开卖点的含义。

想要顾客购买你的产品，那显然需要为顾客找到他购买产品的理由啊！

第一，什么叫卖点。卖点就是购买理由，产品的本质就是购买理由。

任何人购买任何产品，其背后都必定有一个购买理由，如果你没有找到这个购买理由，你的产品毫无疑问是没有价值的，说白了，就是不值钱。

既然是购买理由，那当然是对顾客有利的理由——因为对我有利，所以我才愿意花钱，这就是最简单的购买逻辑。

你之所以买一台空调，因为空调能让你更暖和或者更凉快；

你之所以买一辆车，因为车能让你的出行变得更加便利；

你之所以喝加多宝，因为加多宝能让你不上火。

…………

你看，一个购买行为的背后，一定对应一个购买产品的理由。换句话说，我们就是用购买理由来驱动顾客产生购买行为的。你在卖任何一款产品的时候，有没有先站在顾客的角度认真思考："我的顾客买我产品的理由究竟是什么呢？"

永远记住，找到目标客户的购买理由，就是你产品的卖点。

第二，如何找到产品卖点。其实这个问题的答案就一句话，找到客户想实现的结果。

这一点我们之前已经提及。准备把产品卖出去的时候就要想到，我们的产品能给客户带来什么好处，希望客户通过使用我们的产品达到怎样的一个生活状况。就像经常有朋友跟我说他去年做了什么事情，我往往会紧接着问一句："结果呢？"言外之意就是，通过做这些事情，他有什么收获，获得了什么好处。所以，成交不是我们要卖产品，而是客户要买结果，你要卖的产品其实跟他是没关系的，但如果你卖的是"客户想要的结果"，就跟客户有关系了。

我们在创作文案的时候正应该如此，把消费者所期许的结果告诉他，才可能真正按下客户购买的按钮。

比如，卖化妆品，客户买化妆品是为了让自己变得更美。那么，"美"就是客户想要的结果，而化妆品只是帮他们实现这个结果的手段。

再如，客户买的不是牙膏，而是为了收获"一口洁白而健康的牙齿"，这个结果需要他们通过购买牙膏来实现。

还有，客户买的也不是照相机，而是为了留下"美好的图像""快乐的时光""珍贵的回忆"这些结果，只是他们需要相机来实现目的。

很多时候，客户之所以没有意愿购买你的产品，就是因为你只是站在自己的角度介绍产品，而没有告诉客户，使用你的产品之后能给他带来什么结果。

因此，微商从业者想得到成交的结果，就必须站在客户的角度思考，他们最想要的结果是什么，然后在文案中明确地体现出来。

因此，想通过文案促进销售，就要找到产品卖点，找卖点的基本策略可以分三步走：

第一步，明确你的产品要卖给什么人，也就是确定你的目标客户；

第二步，明确客户使用你的产品想得到的结果是什么；

第三步，用通俗易懂的语言，依靠文案表达出来。

我再给大家举些例子：

如果我们的客户是生意人，针对他们的文案就要关注利润；

如果我们的客户是普通员工，可能文案中就要体现升职加薪；

如果我们的客户是老年人，文案就要聚焦健康长寿；

如果我们的客户是孕妇，文案就应该多关注宝宝的健康发育；

…………

多研究目标客户，找到他们想要实现的结果，最终通过文案体现产品魅力，自然能让我们在销售产品的时候事半功倍。

第三，发掘产品卖点，让客户改变。所谓让客户改变，就是告诉客户，你的产品能让客户从某一个结果状态提升到另外一个结果状态。

比如，客户买面膜最想要的改变是什么，就是希望自己的皮肤变好嘛。

最近几年，中国微商界出现了一个十分畅销的面膜品牌叫"俏十岁"，这个品牌在短短的两年时间内吸纳了数十万人成为其代理商，并一举成为 2015 年度中国最大的微商面膜品牌，销量惊人。

为什么这个品牌的面膜卖得这么好？其中一个非常重要的原因，就是产品的卖点呈现非常明确——让你的容颜年轻十岁！

敢问各位爱美的女性，谁不希望获得这个结果？

因此，当你在为自己的产品打造卖点的时候，必须先设身处地进入客户的内心世界，扪心自问："我最期望发生的改变是什么？"只要你的产品能帮助客户实现他们所期待的改变，就能瞬间打动客户。

而这种改变，你最好通过形象简洁的文字体现出来，也就是产品文案。

比如，你卖的是增高鞋，你就必须在文案中告诉客户，他穿了你的这双鞋之后能增高多少。

再如，你的产品是防脱洗发水，那你就应该通过文案明确告诉客户：一个月见效，发量明显在增加。头发稀少是目前的状态，而发量增加是客户期望发生的结果，显然，后者就是产品最显而易见的卖点。

　　从某一个状况跳到另一个状况，这是一个极具吸引力的卖点提炼方式，我希望大家一定要记住，并能好好运用。

　　假如我们要为一款价格不高的风衣提炼一个具有号召力的卖点，我们的思维就不能仅仅停留在这款衣服身上，而应该放在客户穿上这件风衣后，他的形象气质所发生的改变。

　　所以，无论我们卖的是什么产品，都要非常明确地知晓产品能为客户带来的结果或者改变。如此，我们才能找到正确的思维方向。

第8章

Chapter Eight

"微关系"教你与客户谈恋爱

情感是最致命的营销武器

情感一直是广告的重要媒介。情感营销的最大特色就是容易打动人，容易打开消费者的内心，所以，情感营销一直是营销业百试不爽的灵丹妙药。

情感营销是从消费者的情感需要出发，唤起目标客户的情感需求，引起目标客户与我们在心灵上的共鸣，寓情感于营销之中，让有情的营销赢得无情的竞争。

微商最依赖的微信，其本质是一个社交平台，朋友圈在实质上就是一个社交圈，可以视为一个交流沟通、密切联系和互相了解的一个渠道。因此身为微商从业者的我们更应该顺应微信朋友圈"以人为本"的情怀，用好情感营销，让客户在情感上体会到一种满足感，在心理上得到一种认同。

情感是最好的营销媒介

　　想写好情感型文案不仅要求我们重视朋友圈，重视与目标客户之间的关系，还要关注与客户间的情感交流。我们可以努力把自己的朋友圈营造成一个温馨、和谐的家园。借助情感型文案，攻心为上，把客户对微商品牌的忠诚建立在情感的基础之上，满足客户情感上的需求，获得客户心理上的认同，从而对我们产生偏爱，最终形成一个非该微商品牌不买的忠实客户群。

　　其实，情感营销就如同水，看似柔弱，却无坚不摧。生活中，一个人可以忘记许许多多的往事，而在情感上受到震荡的时刻却常常难以忘怀。营销的本质是客户之争，能够通过情感打动客户，能够通过文案让你的服务和产品与客户的内心产生共鸣，使客户信任你、喜欢你，你自然能够成为"微商江湖"中的佼佼者。

　　实现基础性情感营销的要点有什么？

首先，完善好个人资料。

首先你得让朋友知道你是做什么产品的。我们已经提过，微信头像最好是自己本人，这是让客户对你产生信任的前提，有信任才谈得上情感营销。如果对自己的相貌不满意，可以来张侧面照或者背影，还能保持适当的神秘感。

其次，打造好朋友圈。

好像我们一直在强调这个问题。朋友圈切忌投放硬绑绑、冷冰冰的广告，可以适量放一些生活类动态、人生感悟等。朋友圈就应该是一个生活圈，有广告是正常的，大家也看，但不能形成广告轰炸。实在不知道发什么的时候，可以用当下比较热门的新闻来制造话题，要避免"复制粘贴"，否则显得很没诚意，也显出你的思想深度不够。

要注意的一点是，每天发布的信息不要太多，过多的信息会让人感到很厌烦，甚至把你屏蔽拉黑，这样才是真正的得不偿失。

此外，选择什么时候在朋友圈发消息，也是有窍门的。

早上 8 点左右是个不错的时间点。因为这个时间段，很多人是在上班的路上，刷刷朋友圈、看看消息，是很多人的习惯。

中午 12 点左右也是个合适的时间点。此时正是吃午饭的时候，很多人也有翻手机看信息的习惯。

晚上 7~9 点，这个时间段，很多客户已经吃完饭、做完运动、回到家躺在沙发上休息，或是坐在沙发上看电视了。在一天中最放松的这个时间段，刷朋友圈打发时间是最合适不过的了。

利用好以上各时间段，把需要发布的内容及时发出，掌握好发消息的节奏，不要同时发六七条信息。

微商时代，消费者购买产品看重的往往不单是产品本身及价钱高低了，很多时候都是为了获得一种感情上的满足，一种心理上的认同。这是我们能够进行情感营销的基础。

按照以上两点打造好我们的朋友圈后，就应该着手进行情感营销了。微信里熟人居多，这个熟人的范畴包含了朋友、同学、亲戚、同事、合作伙伴等，因此，有人又把微信朋友圈称为熟人圈。这也是我们能够进行情感营销的基础之一。

直白地说，情感营销就要从消费者的情感需求出发，唤起并满足消费者的情感需求，诱导消费者在心灵上与我们产生共鸣，进而完成购买。微商从业者中的翘楚都是善于进行情感营销的人，下面我们就简单总结一下微商情感营销中的几大关键要素。

1. 提升你的个人影响力

想提升个人影响力，首先必须要让别人知道你是怎样的一个人。换言之，从事销售工作，尤其是在微信上从事销售工作，一定要先把自己推销出去。所以你不仅要在微信里发布产品宣传的内容，还要适当展现你的个人生活，分享一些正能量的故事或视频等，以便让大家知道你的为人，对你有一定的了解和认识。

需要注意的是，你与大家分享的东西必须是正面的、积极的、有意义的，这样可以塑造你的正面影响力。

每个人都是独立的个体，当你具有独特的影响力时，那么你就会被贴上一定的标签，而大家对你的印象也会变得深刻。让朋友圈的人对你有了一定的印象之后，我们就可以进行下一步了。

2. 学会打感情牌

人都是感情动物，你给别人留下了好印象，别人才会喜欢你。当一个人开始喜欢你时，他也会试着去深入了解你，这个时候你就可以很好地"利用"大家对你的喜欢进行一些产品的推销了。需要注意的是，这个过程最好是润物细无声的，不要人家一问，你就直接发一堆产品介绍，不仅容易招人反感，还会把潜在客户吓跑。

3. 做到用心沟通

和潜在客户聊天的时候，不要一个劲儿地推销产品。换位思考，如果你自己是一个客户，跟别人聊天，对方没说几句话就开始向你推销产品，你会愿意继续跟他聊下去吗？

做微信情感营销的关键就是换位思考。假设站在对方的立场，比如对方是一个妈妈，那么什么事情是她关心的，聊什么话题能和她产生共鸣？抓住几个关键点，然后一一突破，才能让对方信任你。

4. 不要吝于分享客户与你的互动

有人购买你的产品后，第一时间分享出去，让大家看到你的销售成绩，这没什么不好意思的。分享的时候一定要把订单信息、对话内容截图放上去，这样才真实，这是一个刺激其他朋友购买产品的有效方式。如某个朋友在你这里购买了产品，你及时分享了，另一个你们共同的朋友看到了，就可能也跟着购买。但在分享互动的时候，要注意保护好朋友的隐私。

5. 关心你的粉丝

在朋友圈里，你要让你的粉丝感受到你的关心。当别人发布了一些不错的内容或一些负面情绪的信息时，该点赞的点赞，该关怀的关怀。如果你经常和别人互动，对方自然会对你产生好感。这是一个细水长流的方式，也是持之以恒之后效果非常好的方式。

6. 保持一颗感恩的心

不管谁买了你的产品，是关系很好的朋友还是根本没见过面的粉丝，也不管对方买了多少产品，你都应该心存感恩，并且要在你的朋友圈里当众感谢。人家支持你，也许不是因为你的产品好，而是认可你的为人，你要清楚这一点。被别人认可是一件很幸福的事情，而且一个懂得感恩的人，才能得到别人的尊重和继续支持。

7. 提升专业度，打造专家形象

假如你是卖衣服的，就应该学习一些服装搭配的技巧，经常在自己的朋友圈发一些服装搭配的心得或图片，慢慢树立自己的专家形象。客户提出什么问题时要耐心地解答，你甚至可以在自己的朋友圈创建一个话题讨论群，例如每天帮好友搭配合适的衣服等。

8. 利用贺卡加固"友谊的小船"

在一些重要的节假日，你应该给一些重要的客户发送贺卡。根据各个客户的特点用别出心裁的文字表达祝福与感恩。虚拟的网络世界里，如果你真情待人，别人回报你的也会是真情。你用心对待客户，客户回报给你的不仅是信任，更有不断增加的交易记录。

总之，想做好情感营销，核心就是要对客户报以无微不至的关怀。给予客户超出预期的体验，才能赢得客户的信赖与订单。此外，情感营销重在坚持，你做这件事的时候一定要相信总有一天会守得云开见月明。

解决客户的信任问题

很多从事微商的人最愁的就是不知道怎么解决和客户之间的信任问题。往往客户咨询过后，因为彼此信任度不够，最后一步成交就很难实现。今天就跟大家分享一下解决客户信任问题的方法。

1. "打铁还得自身硬"，微商从业者要从自身改变

（1）经营好自己的形象。

我们说的"好形象"指的不一定是西装革履、仪态万千，而是干什么就要有什么扮相，更多的是指举止行为的得体。卖化妆品的，自己就应该带妆示人；卖猪饲料的，就应该朴实无华；卖保健品的，起码得身康体健吧……这是初级信任的基础。

（2）有一定的专业性。

这里的专业性不仅指对产品的了解，还包括对客户需求、

行业情况或企业文化等的理解，得让客户知道你确实是有能力指导他们选择合适的产品的。

（3）让客户知道你与他们有共通点。

所谓的"共通点"就是指你和客户有共同的爱好，并且要尽量投其所好。比如，客户喜欢麻将，你也要会玩两圈；客户喜欢足球，你就能跟他们聊世界杯，等等。

（4）保持诚意。

展示诚意的方法很简单：表现出对客户利益的关心。你越是让客户相信你对他们的利益非常重视，就越能赢得客户的信任。否则，你在客户眼里不过是个骗子。

2. 让客户感觉自己"赚到了"

想让客户觉得自己赚了，需要具备四个层面的技巧：

（1）知道客户的担忧。

很多微商从业者都有这样的疑问："为什么每到签单时，客户总会显得犹豫不决呢？"答案其实很简单，因为客户在下决心作出决定前，必须认真地考虑风险问题。

客户担忧的风险主要包括：产品质量不尽如人意、价格高出其他同类产品、使用效果不如宣传的好、售后不靠谱，等等。

在销售过程中，客户害怕上当受骗的心理若不能及时消除，将会给销售工作带来很大的阻力。所以微商从业者一定要善于巧妙地化解客户的顾虑，使客户放心购买我们的产品。

（2）凭借专业解答，让客户放心。

为了让客户有安全感，我们就必须加强自身的业务能力，使自己变得更专业。专业是质量的保证，对产品了解得越深，对行业理解得越透彻，我们的信誉度和能力也就越高，客户才能放心地从我们手中购买产品。

显然，作为一个销售人员，如果自己对产品都不是很了解，不能够清楚地解决客户的问题，客户又怎么能够对我们满意、放心呢？所以，要做到让客户有安全感，就必须保证客户不会对我们的能力产生怀疑。

（3）坦诚告知客户可能存在的风险。

我们有时候担心把产品介绍得太详细会打消客户的购买热情，所以总是躲躲闪闪，希望客户不要去注意产品中可能存在的问题。实际上，这样的做法是非常愚蠢的，除非我们想捞一笔就跑，因为有的产品确实存在一定的风险性。

所以，我们一定要跟客户说明这些风险，切实保证客户的资金安全，让客户感受到："原来你也在关心我的利益，而不是只想着我的钱。"坦诚告知客户关于产品的一切，不仅是优点，还应该包括可能出现的问题，并提醒客户注意，这才是真正高明的销售技巧。

（4）给予客户经济上的安全感。

给予客户一定的经济安全感，学会帮客户做规划，避免客户对可能造成的损失担忧。

比如，给客户吃定心丸。强大的售后承诺能够帮助客户轻松签单。我们可以为客户提供一份可靠的承诺函或售后服务单，从而规避客户的风险，使他们不必担心万一产品出现问题时没办法解决。

总之，对于客户害怕上当受骗的心理，微商从业者要给予理解，不能一味地向客户强调自己的产品有多么好，服务有多棒，而是要拿出切实的证据证明你的言论，这样才能真正让客户放心，并赢得他们的信任。

做好微商，适者生存

有一个老鹰喂食的故事，很值得我们深思。

老鹰是鸟类中的强者，根据动物学家所做的研究，这可能与老鹰的喂食习惯有关。老鹰一次生下四五只小鹰，而猎捕回来的食物一次只能喂食一只小鹰。老鹰的喂食方式并不是依照平等的原则，挨个儿哺喂，而是哪一只小鹰抢得凶就给谁吃。在此情况下，瘦弱的小鹰吃不到食物自然难以存活，而最强壮最凶狠的小鹰则得以存活。代代相传，老鹰一族愈来愈强壮。

这是一个适者生存的故事，它告诉我们，"公平"不能成为公认原则，若无适当的淘汰制度，小仁小义很可能会拖累进化，在竞争的环境中遭到自然淘汰。

况且，世间本无绝对的公平，每个人都要学会在不公平中求生存，弱肉强食是大自然的规律。大到国家，弱国无外交；小到个人，人善被人欺。不是要你去做恶人，害人之心不可有，但防人之心不可无，起码要做一个有能力捍卫自己利益的人。

人要活得有尊严，就要做一个靠谱的人，做自己所说，说自己所做，言必行、行必果，自然能为你的事业添一份助力。做微商先做人，知道了坚持不易，所以才更加珍惜，大浪淘沙，最后剩下的强者，一定是产品和服务最好的，只有为客户奉献价值，客户才会埋单。

微商的路上，我们要想做那个活下来的鹰，就必须拼命争抢，怎么抢？恶补专业知识，学会客户引流技能，总结出一套好用的成交话术，最重要的一点就是找到一个好的产品带着你成长。

很多人的朋友圈一度被做面膜的微商从业者刷屏，这些人都宣称自己用过自己家的产品，大家可以放心购买，但不到一年，大多数人都销声匿迹了，大浪淘沙之后的产品少之又少。

很多人刚开始从事微商的时候都信誓旦旦，但一说到先体验产品，学习专业知识，就开始推三阻四，这样的心态，怎么能做好客户服务工作呢？很多从业者说现在微商招代理越来越难了，原因何在？很多做微商的人，还停留在刷朋友圈阶段，甚至大多数人还在靠着忽悠代理商压货，而他们自己都不会卖货，又怎么能指导代理商卖货呢？于是，微商发展变成了传销模式，一级忽悠一级，最后把货压死在最小的代理手里。一帮人咬牙坚持几个月，生意不失败才怪呢！其实，选好产品，研究好它，再做好服务工作，客户自己用了受益，身边的有心朋友自然能看到这一点，好奇变成了咨询，一来二去，客户、客户的朋友都有可能主动转化成了代理，这就是用户即代理模式。有心栽花花不发，无心插柳柳成荫，刻意去招代理发展团队，很多时候还不如客户转介绍来得好。

不管什么行业，适者生存是亘古不变的真理。选择一款性价比高，确实能给客户解决问题的、能够实现复购的产品，做好服务、卖好货，这才是微商的出路！

Chapter Nine

—— 玩转微信社群和粉丝营销 ——

通过微信群做营销的方法

"今天是我们在这个宾馆所讲的最后一课，两个小时后，我们将乘车前往美丽的凤凰城。也许在座的诸位还在回顾我们白天的经历：踩在海拔 1580 米的透明玻璃栈道上行走，现在想起来还有些胆战心惊；99 道弯的盘山公路堪称'天下第一公路奇观'；999 级台阶的天门洞，真给人一种步入天庭的享受……好啦，在回味这些美丽风景的同时，我们也得开始今天的课程。我今天讲的是'玩转微信社群和粉丝营销'。首先，我们来看第一个问题'通过微信群做营销的方法'。"陈老师并没有用手提电脑，甚至连讲义也没有，就这样拿着话筒滔滔不绝地讲了起来。

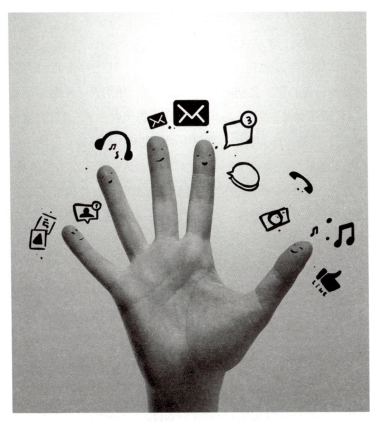

通过微信群做好营销工作

　　当我们拉一个新人进群的时候，必须将心比心。怎么将心比心？当我们自己进入一个群的时候，面对一大群陌生人，肯定会觉得不太习惯，除了主动跟大家说声"大家好"以外，就没有什么合适的打招呼方式了。作为拉新人进群的人，我们如何快速让新人在群里找到归属感呢？我想给大家提几点建议：

1. 特别的欢迎仪式

（1）准备一个欢迎模板。

比如"热烈欢迎 ×× 加入 ×× 群"，这里对人物的介绍需要花一番心思，要精准概括人物特点，让别人一见难忘。如"知名微商女神""美妆萌妹子""原生态美食达人""超级健身教练"，等等。作为群主，你要主动引导新人做好自我介绍，并引导其他群友"撒花"欢迎，这样会让新人感受到很大的热情，拉近他 / 她与群友的关系。一开始建群的时候，作为群主的你需要提供一个欢迎章程，并引导大家一起实践，最终形成一个习惯。

（2）第一时间让新人了解我们的群。

除了欢迎，我们还要对新进入的人进行简单的群介绍，包括群里的宗旨、规则等。如果有一篇《×× 群新人必读》就更好了。

我们建好群之后就一定要完成以上行为。因为群刚刚建立的时候，人们的热情都是非常高涨的，群里的信息量也会短时猛增。有些人不知道怎么玩，显得很迷茫；或者有的人因为大家一通乱发信息，嫌吵也会主动退群。因此建群伊始，你得控制好整个群的活跃度，太沉闷的时候活跃一下气氛，如果有太多人发图片、语音和表情包，你也要强调一下群规，在规范上做一些引导。

2. 不断强调群文化

一开始不要针对某个人，你可以直接在群里发群规，如果某个人总是不听劝告，你就私信他。我们建议大家可以做两个文案，一个是如何关闭群消息的操作方式，一个是群规。口令重复千万遍就会变成执行力，同一句话重复千万遍，就会形成群文化。

3. 提供价值

人们进入一个群，不外乎几个需求：

（1）学东西，掌握新的知识。

（2）拓展人脉。

（3）找资源，寻找一些新的项目或机会。

而我们提供的价值，可以先从人们的需求开始，如群成员的自我介绍、群成员的推广和自我介绍模板等。

常见的自我介绍模板可以是：姓名＋性别＋年龄＋城市＋行业＋资源＋需求。

这是最基本的介绍模板，如果没有这类模板，大家自我介绍的时候就会很混乱，也不利于后期的群管理。

4. 不定期地修改群名称

对于一个新群或者说接待群，你可以不定期地修改一下群名称。这样做的好处是，群成员总有一种新鲜感，并且也容易引起大家的关注。

5. 定时清人

这个环节是必须存在的。经过我们对社群管理的多次测试，最终发现，一个社群只要保持在 150 人以内，管理起来总是很高效；而超过 150 人的群，难免会出现一些发布病毒式广告的人，在这些人的作用下，一个好好的社群会慢慢僵化，最终死去。所以一般 500 人的大群，存活时间都是非常短的，垃圾广告很快就能进入。这一点是需要我们微商从业者注意的。

6. 制造一定的神秘感

人都有好奇心，越不让他知道的他越想知道。比如你可以让群里几个比较活跃的人，在群里说一句："礼物已收到，太给力啦！"其他的群友多半会追问"什么礼物""怎么才能得到礼物"，等等。这是维持群内活跃度的一个小技巧。

7. 定期组织活动

这里的活动分为线上和线下。线上活动可以是组织大家互推，或者组织大家做话题分享。如果大家不太放得开，你就找个主持人，活跃群里的气氛。可以采用访谈的形式。线下活动则能产生很多新的话题，地方型的沙龙或者论坛都是不错的选择。

8. 做好社群迭代工作

所谓的迭代就是升级与更新。如果你管理的一个群一直不温不火的，你可以考虑重新建一个群，然后在旧的群里告诉大家，你准备在新群里做个活动，比如发红包、开讲座之类。真正关注你的人，自然会申请加入新群，这就是一种群迭代。

9. 适时解散没用的旧群

既然有迭代更新，就一定有解散清退。当你宣布要解散群的时候，群内众人的反映也能让你明白哪些人是真正在关注旧群的。找到这些人，带他们进入新的群。旧的不去新的不来，好聚自然要好散。

微商营销一定会慢慢步入社群商业时代，所以我们一定要学会根据社群属性来整合外围产业链，这一定是未来微商行业的发展方向。

打造顾客强关系，链接之后要互动

当微信开始兴起，微商突然爆发的时候，化妆品实体店有些不知所措。传统零售思路当时受到新兴的销售业态的冲击，那一年化妆品店聊的最多的话题就是微商。许多连锁店在那个时期开始做自己的 App、微信公众号；开始建微信群，在朋友圈做推广；哪怕在店面做促销活动时，也必定会拿出有诱惑力的商品进行免费赠送来吸引客户扫码进群。

这些门店的销售人员拼命"吸粉"，只要数量不管质量，不管对方是不是自己的目标客户，不管后期能否完成销售，是否有一定的粉。我知道有一家连锁化妆品店三天时间加了 4 万粉丝，而等活动之后，才发觉这不过是一个美丽的肥皂泡——所谓的粉丝都沉寂了，根本没有什么作用，面对数量还算不错的粉丝，也不知道下一步该怎么做。那么，究竟该如何处理好与客户之间的关系，做好粉丝营销呢？

1. 建立销售与客户之间的强关系

许多店面当初用微信疯狂吸粉，是看着大家都这样做，自己赶紧跟风而已。虽然最初是想与粉丝建立链接关系，却忽略了这种流于形式的链接毫无用处。微商时代的销售是谁拥有了客户粉丝群，谁就有了市场，但客户能否成为你的真正粉丝却不是一件简单的事。

产品成交的基础是信任，我们在信任的人面前是不会设防的。客户面对信任的店铺及销售也更容易埋单。销售与客户之间的强关系源于信任的建立，而如何建立信任感，我们之前已经谈到了，这里就不再赘述。

2. 用好沟通工具，精准链接目标客户

想与客户建立良好关系，要突破电商的传统销售思路，一手交钱一手交货这种简单停留在交易层面的销售关系已经落伍，我们需要打破光靠价格战来维持较高客户黏性的竞争思维，思考目标客户的消费能力和消费习惯，用好沟通工具，精准链接目标客户。

我们可以将目标客户分类，让我们的销售人员不只关注会员档案，因为大多数的年轻消费者在沟通工具上都是手机控、低头族，都通过移动端获取各类信息，想抓紧这类客户就必须用微信、QQ 等建立链接关系；而年龄段偏大的消费者仍喜欢传统的购买行为，微商从业者就要通过电话、短信等方式与客户建立链接关系。

3. 重视与客户的互动是打造强关系的关键

链接目标客户只能代表我们有机会让客户接受信息，但如何在交流和沟通过程中，向客户提供零距离的信息与服务，让客户能参与其中，增进彼此间的情感交流，才是关键。因此，微商从业者一定要重视与客户的互动。

互动是微商从业者与客户联络感情、传播产品信息的最好方式。与客户做好互动，及时沟通、实时反馈，才能增加产品在客户心中的分量，至于如何与客户进行互动，鉴于我们之前已经跟大家详细分析过，这里就不再啰唆了。

利用搜索引擎确定关键词

不要单纯地认为微信营销只要在朋友圈里发发图片就 OK 了，我们一定要学会在朋友圈里植入关键词。这一点，我们可以从搜索引擎上获得灵感。

1. 要有专业态度

有一定深度的内容或者比较专业的内容，只要你放对了位置，人人都会喜欢。

比如大家熟悉的百度百科，互联网信息再怎么碎片化，这样的内容始终都是有市场的，比如现在非常火爆的微信营销，相信我们看到一篇如何利用微信赚钱的流水账文章，是不会有分享欲望的，但如果这个内容能切中要害，不仅有自己的实战经验总结，还有独到的见解，能够站在专业的角度给别人以指导，那么必然能引起读者的分享欲望。

2.一定要有价值

没有价值的内容，用户甚至根本不会去读，更别说分享转发了。有价值就意味着要分享对自己或他人有帮助的东西，比如生活小常识、旅游攻略等。

3.能引起情感共鸣的内容

分享和转发这种行为本身就带有一定的情感因素，如果内容能激起读者的共鸣自然更容易让他们分享传播。这种情感可以是感动、愤怒、同情、喜悦等，有了情感，人们就想释放，分享就成为可能。

4.关注独特新颖的内容

人人都喜欢看新闻和热点事件，特别是在互联网上。如果你能掌握很多信息的一手新闻，那获得一大堆追随者简直是轻而易举。这也是微信社群营销中"吸粉"的一个捷径。

在这个只要有一点点风吹草动就消息满天飞的时代，新闻的传播速度大幅上升，传播门槛一降再降，能够占得先机，就能够在微信社群营销的路上所向披靡。

微商要利用好搜索引擎

5.适当加入一些具有社会流通性的内容

什么叫具有社会流通性的内容？其实有一个专业的名词，叫社交货币，它的含义是，我们在社交媒体上的言论展现的是全方位的自己，所以读者倾向于分享那些使自己看起来更好的内容，比如流行的"高富帅"和"白富美"。

如果你提供的内容，能让客户自我感觉良好，他们自然愿意与别人分享。

6. 想说却不敢说的内容

很多公众号之所以能在段时间内吸引大量粉丝，就在于他们敢于说别人不敢说的话题。比如，一些吐糟类的公众号，一些毒舌式的人生感悟，等等。在这些公众号替很多人说出了心里话的时候，也就紧紧抓住了读者的心。如果我们微商从业者能做到这一点，自然能为自己吸引来很多潜在客户。

7.故事要有价值

我们前面已经谈到，没有人不喜欢听故事，故事讲得越好，越能激发人们的兴趣，被分享的概率也就越高。

故事本身比单纯的理论更具真实性，更能打动人，更能引发读者的情感波动，所以，用好故事这个载体，能让我们的微信社群营销如虎添翼。

粉丝营销的力量

讲到这里，陈老师停了下来。大家纷纷停下笔或者放下录音、拍照的手机，静静地等着下文。陈老师端起茶杯抿了一口茶，这才开口说道："接下来我想给大家讲个案例，关于小米在粉丝营销上的成功经验，相信通过他们的案例，我们能更好地明白粉丝营销对我们微商从业者意味着什么。"

小米这家公司，可以说是中国手机行业中的一个传奇。短短几年的时间，迅速崛起，成为中国智能手机行业的翘楚。它的成功，很大程度上源于它为中国广大的年轻人编织了一个提升社会地位的梦想，一个让发达世界的奢侈享受变得触手可及的梦想。

迅速蹿红的小米手机

　　小米的崛起依赖于其强大的粉丝力量，小米公司在中国各地每隔几周就会举办用户聚会，尽其所能地把用户变成他们的铁粉。

　　而现在的小米公司正试图证明，在世界其他地区也可以通过这种模式销售产品。考虑到鼓舞小米粉丝的是一种民族自豪感，小米希望自己能够成为首个被全球认可的中国高科技品牌。

　　迄今为止，小米公司在海外市场的营销都倾向于采取与粉丝互动而不是单纯投放广告的方式。就目前来说，小米公司的官方微博拥有 1000 余万粉丝，而其 Twitter 账号和 Facebook 账号的粉丝数量都在 6 万左右。

　　稳定的粉丝数量，让小米的粉丝营销成为可能。为此，小米高管甚至亲自与用户见面并在线回答提问。这些活跃用户则成为小米的免费宣传大使，小米因此节省了大量的广告费用，并通过降低产品价格回馈给更多的用户。

第10章

Chapter Ten

—◦— 帮团队就是在帮自己 —◦—

微店悄然兴起

"大家好！白天我们游览了美丽的凤凰古城，享受了小镇的浪漫和悠闲。现在又到了给自己学习充电的时候了。好，我们开始今天的课程。"陈老师一如往日的潇洒，只是没有像原来讲课时坐在前台，而是围绕着席地而坐的大家一边踱步一边讲述着。

随着移动互联网的普及，微信的崛起，一个高度繁荣的微商生态正在移动电商领域悄然兴起，而作为承载微商的平台——微店正迎来属于自己的时代。

所谓微店，本质上就是让微商从业者入驻的平台，有点类似于 PC 端的建站工具，微商从业者可以直接"装修店铺"，上传商品信息，还可通过自主分发链接的方式与社交结合进行引流，完成交易。

毋庸置疑，目前，谁抓住了入驻微店的商家，谁就能牢牢抓住微商乃至移动电商的核心。于是连各大互联网企业都纷纷加入这一领域，想分一杯羹。

2013 年微店开始崛起，2014 年，电商导购 App 口袋购物推出微店，随后当年 5 月份，腾讯微信公众平台推出微信小店，紧接着，京东的拍拍微店也宣布完成升级测试，并与京东商城系统全面打通，开始大规模招商。与此同时，各类淘宝微店也大举进入，行业内的易米微店、金元宝微店、喵喵微店、微盟等各类微店更是纷纷涌现。

风靡的微店

各类微店的层出不穷，呈现出不同于传统零售业的典型特征：

1. 三大阵营 PK，拥有流量者得天下

微店主要分为两类模式：一类为 B2C 模式，如京东微店——直接通过商家对接消费者；另一类微店多面向个体，类似于 C2C 模式。而 C2C 模式的微店居多。

微店目前整体可以分为三大阵营：

（1）平台类型阵营。

典型代表如微信小店、京东拍拍微店、淘宝微店、口袋购物微店等。

（2）主打服务类阵营。

典型代表如微盟、京拍档、各大电商平台自己推出的微店等。

（3）一些个人推出的微店构成第三大阵营。

主要为客户提供一种建设微商城的工具，大部分属于小打小闹范畴。

经过我们的研究，要想获得大的发展，微店要么得有钱，要么得有流量，并且，随着时间的推移，行业内会形成集中挤出效应，众多的中小型从业者可以选择垂直化路线，主要为商家提供个性化的细分服务，如医药类微店、房产类微店等。

2. 新的创业者机会

微店作为一种微商平台，一头连着供货商，一头连着目标客户，具有广阔发展前景。而 B2C 模式和互联网企业推出的 C2C 模式的微店，必然会冲击微信朋友圈的代购生意，这一点值得我们注意。

移动互联网时代的电商和 PC 互联网时代不同。移动端的客户购物单价低、频次高，呈现出小屏幕购物、随时随地、整体趋于碎片化的特点，客户的需求更是千奇百怪。要满足消费者无处不在的个性化、场景化的移动电商需求，通过开放的微店力量是一个很好的方式。这不仅成为平台提供商布局微店和商家入驻微店的另一个刺激因素，也是我们微商从业者的另一个财富之门。

其实说白了，微店就类似于移动端的淘宝店，主要就是利用社交分享、熟人经济进行营销。微店就像各有特色的路边小店，风格品味，各有不同。而且，能够多一个平台，多一个流量入口，多一个销售渠道，自然就能多一份收入。何乐而不为呢？况且进驻微店的资金、人力门槛都很低，这也大大降低了开店的成本，风险得以有效控制。

此外，大量与微信对接的工具可以供我们选择，这些工具往往操作简单，人人都能学会。目前，很多淘宝卖家也选择了入驻微店，希望能在新一轮的电商模式中抢占先机，一如当年最先在淘宝开店的卖家一样，一步先、步步先。

俗话说得好，"在外东奔西跑，不如回家淘宝。"类似的个人小资本创业正从淘宝延伸到微店平台上的微商领域。可以预见，中小商家们通过入驻微店将有很大的发展空间。不过，如何将更精准的信息推送给目标客户，在既不影响买家体验的情况下，让商家获得最大化的收益，是入驻微店的从业者们面临的一项挑战。

组建强大的微商团队

如今微商飞速发展，从业者越来越发现，再也不能光靠刷刷朋友圈就赚到钱了。俗话说"双拳难敌四手"，想在微商这条路上走得快、走得远，就必须拥有一支属于自己的团队。

1. 朋友圈销售应该以零售为先

做好零售工作，然后在此基础上，再尽量多地得到一些客户的售后反馈，比如，客户购买产品时的聊天截图和成交图，还有评论产品使用效果的图片。这是经营团队的第一阶段。

2. 通过朋友圈展示个人魅力

不管是学识品味，还是个人喜好，你要让别人看到你的现实生活，了解到你的个人性格。当朋友圈里的人看到你发的一些关于生活方面的感悟，看到你关于为人处世方面的见解，一旦在某些方面对方能和你达成某种共识，就会和你进行互动，慢慢地你们会越来越熟悉，再接下来，这位潜在客户就可能成为你的代理了。

3. 开始从零售转变为招代理

针对那些跟我们有共同语言的客户，因为认可了我们的产品，或者单纯认可了我们的为人，来咨询我们的，就要赶紧跟进；并且，要把整个聊天过程发到朋友圈。如果你能隔三差五地发几个聊天记录，别人都知道你在招代理了，这也是在为自己做宣传。

当你招到代理，不管是一个还是两个，你都要把自己放在团队领导者的位子上，然后按照这样的身份发朋友圈，别人就会觉得你确实是在不断进取、不断努力的。

4. 在朋友圈展示你对代理的扶持

要让别人能通过朋友圈看到你是如何培训代理的，看到你的团队是怎样一步步越来越大的。要让别人知道你不但有实力招收代理，也是有能力培训他们的，能够让代理在你的培训引导下快速成长起来。

这个过程操作起来比较难，因为你必须亲自动手，必须自己具备一定的专业技能，一旦成功迈出这一步，对你个人能力的展示是非常重要的。从事微商的人，都愿意选择一个好的领导，进入一个好的团队，如果你能展现出杰出的个人能力，自然会更容易吸引来优秀人才的加盟。

5. 承担起领导责任

建立了自己的团队，你就是这个团队的领导者，就应该承担起相应的责任。

大家既然选择相信你，加入了这个团队，你就应该肩负起自己身上的那一份重任，一定要培养自己的责任感。如果你招进来的代理不够成熟、经验不足，你一定要花百分之百的努力去培训他，帮助他建立信心。我们常说，如果说一个人做事的时候连信心都没有，那么他是很难获得成功的。

6. 要学会感恩

不但内心要这么想，还应该表达出来。

你可以把感恩的话发表到朋友圈。比如，你在朋友圈中发了一段话，感谢当初把你引到这个大团队的领导，谢谢他给你指出了一条正确的道路，让你这么快就拥有了自己的团队。这种感恩，也是对你自己团队成员的一种鼓励，会让你的下属觉得你是一个人品很好的人，是一个懂得感恩、懂得回馈别人的人。这样一来，他也会觉得和你这样的人在一起做事很有前途。这种正能量的信息传播，对整个团队的稳定与长远建设都是很有帮助的。

打造高效微商团队的核心秘笈

目前微商团队的主流经营方式是招代理，那么，管理团队就是其中的重要一环。团队带得好，做事轻松业绩还好，团队带不好，累够呛还没钱赚。那么，微商从业者该如何带好自己的团队呢？

1. 建立代理预审核制

做微商真正能挣到钱的人，不是那种没跟你聊两句就开始问产品价格的人。因为不管一个东西再便宜，价格再低，卖不出去依然没用。而那些一直跟你聊产品、探讨产品的功效，关注怎么写出吸引人的软文，怎么吸引更多的粉丝的人，往往才是应该发展为自己代理的人。

因此，在选择自己团队成员，确定代理人的时候，最好有一个代理预审核制可以参考。通过这种审核制度，可以把那些不适合做微商的人剔除出去，不至于因为招来了一个不合适的人而令整个团队的氛围都受到影响。

招募代理的时候切记：质量绝对重过数量，招十个不上进的代理，还不如招一个有干劲的人。

2. 让代理群活跃起来

作为一名领导，我们需要让代理群实现经常性的互动，要鼓励大家在群里进行积极的交流学习和问题探讨。

俗话说，有缘千里来相会！从事微商事业的人，大多来自天南地北，大家能汇聚在一个团队，是一件很难得的事情，要让他们感觉到在这个群里是温暖的，是每天都在成长的，这样才能让团队成员之间的气氛越来越好，增加团队的凝聚力与战斗力。

3. 为大家设立目标

没有目标就没有努力的方向，一个团队必须有自己的目标。我们不仅应该给团队设定目标，还应该给每个代理设定目标，这样才能促使团队及成员的发展。引爆团队的最好方法也是设定目标，人的潜力其实是无限的。

作为团队的领导者，我们自己一定要以身作则。团队成员有目标，我们自己也要定好目标。定好目标自然就要有奖惩措施，包括团队负责人在内，都要严格按照目标执行。执行时雷厉风行，不要找借口。如果你给自己留了后路，目标说白了就成了摆设，毫无意义。

定好目标

我们可以在每月初制定目标，让每个团队成员清楚地知道自己最终需要完成什么。目标会让代理发掘出自己的最大潜能。并且目标一定要定得详细，月业绩、周业绩、日业绩等，还要有具体的执行方案，比如，要达成这些目标，需要付出哪些努力，具体该怎么去执行等。

可以写下每天最重要的 5 件事，将自己的目标贴在床头，激励自己去完成。有目标就会有动力，人都是有惰性的，很少有人能每天坚持努力而不懈怠，所以制定一个目标相当重要。

4. 传播积极正能量

作为领导，你得要求每位代理在群里传播正能量，拒绝一切负面消息。

群是一个公众环境，任何人都不可以传播负面情绪。有任何抱怨可以找老大私聊，大家都是一个团队，一定要具有正能量。出现问题的时候，负面情绪改变不了现状，而且会传染其他人，大家一定要在群里互相鼓励，不能在群里散播负能量。

比如，一个人抱怨缺货，其他人就会跟风："我的货也没发。"其实那个人可能也没定多少货，但就会影响整个团队的工作积极性。记住，要想成功必须改掉抱怨的毛病，遇到任何事情都不要去抱怨，因为抱怨解决不了任何问题，只会扩散负面情绪。

5. 赏罚要分明

带团队一定要做到赏罚分明，赏要赏得他们心花怒放，罚要罚得他们胆战心惊。我们出去旅游的时候，可以给他们带礼物，让代理们觉得我们去哪里都是想着他们的。当代理的月目标达成了，一定要进行鼓励，因为团队成员之间无形之中是有竞争意识的。而且当过第一名的人绝对不想再当第二名;同样地，第二名也一直奔着第一名去的。这种你追我赶的竞争之下，整个团队的业绩自然会芝麻开花节节高。

我们要记住，对于代理，千万别一张口就是生意经，要多跟他们培养感情。你既要做到让他们怕你，也要做到让他们依赖你、佩服你。所谓的打个巴掌赏颗糖，骂了他们之后还要想办法去安抚他们，这样才能树立起你领导的权威，令整个团队进入一种良性循环。

6. 扶持好的榜样

管理团队一定要树立榜样进行激励。都说榜样的力量是无穷的，树立几个典型的优秀代理，会激励其他代理为之奋斗。这也是我常说的，如果群里面暮气沉沉，就在群里扶持两三个平常比较活跃的人，私下多教、多维护、多沟通，鼓励他们有事在群里说，让活跃的人带动那些沉默的人。

我们要注意：重点扶持 20% 的精英，让 20% 的精英去感染其他的团队成员。这样团队业绩才会逐步越来越好。

7. 有想法要立即传达

一些有关产品的重要通知、好的软文、好的销售技巧，一定要在第一时间分享到代理群里。好的资源也一定要第一时间分享出去，这样让他们有一种获得重视的感觉。你对他们的关心、帮助，能够拉近彼此的感情距离。同时，公司的最新规划、最新计划等，也要及时与团队成员分享，能让你的代理及时调整、定好目标。

8. 囤货很重要

很多人不主张做微商囤货，我却认为囤货很重要——如果你连货都不敢囤，还怎么能做大？囤了货就会有压力，有了压力才会有动力、有干劲。

比如，30 箱货放在仓库，你每天看着心里都会发慌，然后就会想着快点把产品卖出去。如果你一点儿货也不囤，那注定你很难做大，很难把微商做好。当然这里说的囤货是适量的，要根据自己的具体销售情况囤货，而非盲目囤货。适量囤货确实可以激发你的潜能，让你快速进步。

具体怎么操作呢？可以要求代理做一个规划，比如你一周能卖出去 10 盒产品，那你必须每周进 15~20 盒产品。

9. 给团队成员带来归属感

每个人都有自己的人格魅力，在带好团队之前，首先要完善自己，做人要端正，自己要树立榜样，什么样的人带什么样的团队。自己要以身作则，为团队成员树立榜样，更要用实实在在的业绩激励团队成员。因此好的领导首先是一个好的心理专家，能够给团队成员以关怀和帮助，多了解他们，多爱护他们，多与他们沟通，这才是一个合格的团队负责人。

比如，你可以私下时常和他们沟通，花时间指导他们经营好自己的朋友圈；业绩上不去的时候，帮助他们找原因，并给予一定的解决方案。沟通多了，团队成员跟你关系变好了，也不容易出现人员流失。

带着团队成长，让团队心理上找到归属感，这才能让这些小伙伴安心地跟着你走。用心对你的代理好，别人才会相信你。人心都是肉长的，你对他好，他会记得并感恩你。微商本身是通过线上建立的一种关系，代理没有归属感，就很难长时间地跟着你。

10. 让自己更强大

作为团队领航者，你要带给他们不一样的东西，要对自己严格要求，给自己树立榜样，你要比大家强，大家才会信服你，这样才能管理好团队。

记住一句话：让自己不断变得强大是打败竞争对手的唯一方法，能力永远是最重要的。还有一点，不能对优秀的下属无动于衷，你得奋起直追，通过不停地学习、成长，让自己变得更专业。只有自己先强大了，团队才会强大起来；只有自己强大了，才可能击败竞争对手。

11. 共享方法

团队的发展离不开学习，一定要让你的团队保持一种不断学习的状态。作为团队老大，要把自己知道的好的方法及时反馈给代理，这一点是非常重要的。我不是让大家给团队成员打鸡血、灌鸡汤，这些是没用的，而是要实实在在地教他们怎么做，教他们怎么赚钱。一定要维护好自己跟代理之间的关系。

我们要记住，我们和代理之间是双赢的关系，不要怕他们赚到钱，他赚得越多我们也赚得越多，和代理之间一定要达成这种默契。

12. 提升自己的演说能力

想要团队快速发展的有效办法之一就是学会讲课，演讲的魅力太大了，你每讲完一堂课都会成长很多。就像我，在讲课的这段时间内，我感觉自己成长也是很快的。

团队领航者一定要培养自己的演讲能力，要用这种魅力去征服代理。可能有人会问，很多人都会讲课啊，没错，很多人都会讲课，但是 90% 的人讲课的水平都是不够的。

讲课的好处到底在哪里呢？

（1）可以迅速提升自己的专业度。通过不断的练习、不断地重复，你真的会从菜鸟变成高手，你会越来越专业。

（2）你能通过讲课快速壮大自己的团队，增加你的代理人数。批发式销售永远比你单个销售的速度要快，效率也要高得多。

（3）通过讲课，让你的代理和潜在客户都感受到你的个人魅力，感受到你的专业度，增加他们对你的信任感，这比任何广告效果都来得好。

（4）不停地讲课，你的目标会越来越明确，整个人会越来越自信，这种由内而外的成长，会感染到你周围的人。

（5）如果你持续地去做一件事情，就算刚开始周围的人会不屑一顾，但是慢慢地，你会发现，你的坚持会打动他们，影响到他们。你用心做一个产品，一定会有人支持你，你坚持做某一件事，也肯定会感染到跟你接触的人。

总之，想快速拓展团队，就一定要让团队成员练习讲课，这样才能实现迅速裂变。

13. 组建团队核心层

团队建设的重点是培养核心成员。俗话说"一个好汉三个帮"，领导人是团队的建设者，而智囊团或执行团形成的团队核心层，才能充分鼓舞团队成员，使团队的目标变成行动计划，团队的业绩也因此得以快速增长。

团队核心层成员应具备领导者的基本素质和能力，不仅要知道团队的发展规划，还要参与团队目标的制定与实施，使团队成员既了解团队发展的方向，又能在行动上与团队方向保持一致。

当大家同心同德，心往一处想、劲往一处使的时候，团队就有了强大的凝聚力，也就有了更强大的战斗力。因此，找出团队中的核心层是非常必要的。核心层的人数不在多，在于大家齐心协力，这有利于团队的持续发展。

14. 做好团队激励

从事微商需要一定时间的坚持与沉淀，每个人在从事微商的过程中，都会遇到大大小小的问题，而往往，最大的挑战就是自己。因此，每个团队成员都需要被激励，作为团队领导，你的激励工作做得好与坏，会直接影响到团队士气的高与低，并最终影响到团队的发展。

所谓的团队激励，是指通过一定的手段调动团队成员的积极性，使其自发地把个人潜力发挥出来，从而确保目标的实现。激励的方式多种多样：树立榜样、培训、表扬、奖励、旅游、联欢、庆祝活动，等等。

很多人做事都只有 3 分钟热度，没有人能够孤身一人永远热情高涨，每个人每个月总有那么几天不想吃饭、不想说话、不想工作，总之就是心情低落，烦闷不已。这个时候我们该怎么办呢？当然不能眼看着团队成员这样消极下去，这就是团队激励的价值所在了。具体怎么办呢？可以在每个月月末的时候开一场激励大会，让每个人总结一下当月的收获，特别是让那些做得好的人分享一下成功的原因;或者月底按照销量进行排名，前 10 名给予适当的奖励，等等。

15. 相信并坚持下去

信念是一股非常大的力量，很多事情你相信了，就成了。进入微商行业的时候，每个人都有自己的领导，既然你跟了他，就要相信他，认准了，就好好跟着领导做事。执行力相当的重要，给自己定一个目标。人和人的差距就是"想要"和"一定要"的差别，如果你想要不一定得到，如果你一定要肯定就会得到。

　　没有人能随随便便成功，带好自己的团队，人在一起不是团队，心在一起才是团队。相信自己，坚持努力，就能成功。

　　"大家听了以上内容，是不是感觉到操作性很强，很利于实践啊！事实上的确如此，这些东西都是成功的微商在实践中逐步积累下来的，是确实行之有效的，请大家牢牢掌握，并运用到实际工作中去。我能跟大家保证，按照以上方法，你们一定能够获得意想不到的效果。"陈老师的表情异常坚毅。

让你的微商代理团队迅速裂变

"有很多做微商的朋友，都会在微信上咨询我一个问题，如何发展代理商。今天我们就来看看让微商代理团队迅速裂变的方法。"陈老师抿了口水，开始讲起另一个话题。

1. 如何组建起自己的团队

我相信在座的各位，都是从事微商比较长时间的了，我认为如果您拥有5~10个代理的时候，就应该迅速组建自己的团队。那么如何组建呢？我的经验是：

（1）为你的团队起一个好名字。

起名字的时候尽量让这些直属代理参与其中，其乐融融地建立起属于你们的第一支队伍。让代理有归属感是很重要的。

（2）让你的代理把他们的下属代理也拉进群，人少不要紧，后期会陆续有人加进来。

如果你有 10 个代理，而每个代理又有 2 ～ 3 个下级代理，算一下这个群至少有 30~40 人了。那么属于你的一个小团队就建好了，接下来就该好好管理了。

2. 分群管理法

我们认为需要把团队分为三个群：心腹代理群、直属代理群以及所有人在一起的大群。

我们仔细地来说说以上三个群的管理和维护方法。

（1）心腹代理群。

这个群我建议大家把跟你关系不错的朋友、亲戚，或者跟你做了很久的不错代理，都放进去。针对这个群，我们除了回答大家的疑问以外，最重要的便是加强感情交流。

如何加强呢？比如你在哪里学到了一些很有用的知识，就可以分享给大家；又或者发现了一种很好做的食物料理方法，也可以告诉大家。最重要的是每天可以轻松地和他们开开玩笑、唠唠家常。

这种感情交流不能只停留在线上，还应该延伸到线下。如果现实当中你们在一个城市，那就尽量组织一些活动，比如吃饭、唱歌等。如果有一天他们想做其他产品的话，也是要考虑一下你们之间的感情的。第一个群里的代理其实就是你工作上的左右手。

他们的作用主要体现在：

①令团队气氛和谐。我为什么这么说？因为我们做微商做久了经常会遇见刚入行的代理在群里发布各种负面消息，只要有一点儿不满意，他们就会在群里嚷嚷，让其他代理心存怀疑，或者信心动摇。这时候就需要这些资深代理出来为这些新同行

讲解，同时在群里发布一些正能量，澄清那些负面消息等。

②他们可以帮助你获得新的代理商。如果你开始做一款新产品，招代理商非常困难，这个时候他们就可能会起到一些正面的引导作用。比如，他们可以在群里说自己盈利多少，新品的好处是什么，这样一来，慢慢地其他代理也会受到一定的影响，选择跟进。

（2）直属代理群（群里包含了心腹代理群里的人）。

首先记住一句话：在这个群里，你是老大又不是老大。我为什么这么说？当指导代理做微商的时候，你就是他们的团队老大，是领导人，是他们的核心人物，有了你他们才可以赚钱。当你作为他们的好朋友出现时，你的角色就变成了他们的兄弟姐妹。

①作为一个领导，要懂得身上的职责。

首先，一对一地定期检查他们的朋友圈，督导代理坚持下去。检查朋友圈可以三天一次也可以一个星期一次。针对每个代理出现的问题，给出你的看法和建议。同时，把你做的这些工作发布到自己的朋友圈，让其他人清楚你是一个有责任、有耐心的团队负责人。

其次，帮助每位成员设置阶段性的目标。你要根据每个人的情况，帮助他们设置一个阶段性的目标，让他们奔着目标使劲。完成目标的时候，你要给予他们一定的口头或物质奖励。

②作为一个朋友，你必须情商要高。

语言是一门艺术，什么时候该说什么话，我们在带团队的时候都需要仔细斟酌。情商低可以试着改变自己，学着变成情商高的人。对代理一定要把他们当成是你的亲姐妹或者朋友，你要让他们知道，他们不仅是你的生意伙伴，更重要的是彼此一辈子的朋友。如果可以帮忙的话，也不要吝啬给予对方帮助。一个团队里，帮助别人就是帮助自己。

（3）整个大团队。

①培训要跟上。一对一地检查朋友圈是不太可能的，那么培训就显得至关重要。

②无论发生任何事，都要站在代理的角度去解决问题。如果因为代理本身导致的问题或过错，我们的态度也一定要好，即使你在手机前恼火地想骂人，你在群里说话的语气和态度也必须注意分寸。这又涉及领导的语言艺术，需要我们不断地学习提升。

③用软硬兼施的管理方式。在代理违反群规的时候发出第一次警告，第二次则必须清理出群。所谓的"有再一没有再二"。不要让一颗老鼠屎坏了一锅汤。

第11章

Chapter Eleven

——○ 微信营销思维与赚钱技法 ○——

微信的商业价值

这天，徐婷早早地来到了培训中心，虽然张家界之旅已经结束，但是因为很多一起参加旅游的学员毫不犹豫地选择了继续听课，作为临时助教，她还得坚持站好最后一班岗，圆满完成这次培训。

由于参会人员过多，教室里无法坐下，徐婷只能安排大家去往培训中心的大礼堂里。随着上课铃声的响起，陈老师依然西装革履、风度翩翩地走上了讲台。对着话筒，陈老师大声说道："今天我给大家讲'微信营销思维与赚钱技法'。首先先给大家讲的是微信的商业价值。"陈老师对教材可谓烂熟于心，他并没有看教材就十分流利地讲开了。

微信营销在 2014 年彻底火起来了，2015 年迈上了一个小高峰，而 2016 年就已经形成了势不可当的趋势。那么微信如此火爆，其背后的商业价值有哪些呢？

1. 微信号是我们的身份标志

我们经常上网一定能够理解账号这个概念，账号是我们在互联网时代最重要的标志。简单来讲，账号就是我们的身份象征，我们用此来记录我们的行为，商业机构则利用它来找到我们。

比如我们的手机号、Email 及一些网站的登录账号等。微信让各大网络平台具备了建立用户数据库的可能性。也因此，微信账号是我们网上身份的标志。

2. 微信公众账号渠道销售的多元化

很多朋友认为微信公众账号是用来做广告的，其实这大错特错。微信是一种服务而不是骚扰，传统的广告之所以不讨人喜欢，就是因为它们在没有得到受众允许的情况下就开始展示受众不需要的内容。"没允许"和"不需要"就是让民众反感的最根本原因。这就像一个人不喜欢吃某盘菜，你却非要让他吃，结果对方不领情还把你骂了一顿。而这一点却正是微信的长处。因为微信公众账号是不可能让你主动添加某个用户的，微信平台也不会给用户推送公众账号，所以，关注公众账号的唯一途径就是手动添加。既然用户自己选择了添加，那就说明用户自愿接收公众号发出的信息。

3. 自由度广，互动效率高

相信我们都能感觉到，现在由于微信的市场占有率以及移动互联网的普及，我们几乎是随时随地地在看手机，随时随地地和我们的朋友进行分享、聊天。因此，微信的自由度是非常大的，也有很多朋友说这就是未来指尖上的电商。所以，自由度广，互动效率高是微信的第三大商业价值。

4. 定位你专属的交易记录

这句话怎么理解呢？比如，微信中有个人运营的账号，也有企业运营的公众号。你喜欢与哪种账号打交道，能够体现出一种消费习惯。微信中还有一些非常好玩的功能，比如微信红包，它能够记录你的一些具体的消费信息。所以说，微信既是聊天工具，也是交易平台，更是可以用来展示个人账号或服务账号的客服平台。

5. 微信游戏化带来的手机社交价值

相信在微信刚推出第一款名叫"打飞机"的游戏的时候，几乎所有的朋友都为之兴奋，因为它采用的是 PK 模式，朋友之间会进行分数排名。那时候，我几乎每周二都会第一时间关注一下自己的游戏排名，并且它可以主动邀请朋友参与其中。所以，微信游戏平台是游戏开发者的又一座金矿。开发微信网页小游戏的利润很可能高于制作专业的游戏软件，后者就是我们熟悉的 App。

6. 形成了闭环的 O2O，也就是线上线下的融合

什么叫 O2O？其全称是 Online To Offline，是指将线下的商务与线上结合在一起。比如，我们经常在微信中看到朋友邀约你去参加一场沙龙、聚会或培训，甚至在一些互动吧里会出现从网上邀约客户，然后在线下进行聚会的模式，这就是线上线

下的一种融合方式。另外，现在很多商家都拥有虚拟会员卡，顾客只需扫描二维码就能获取，这就和支付环节打通形成了交易闭环。

7. 微信是一个轻量版的 App Store

App Store 大家应该能够理解，即下载应用商城。各种类型的公众账号和轻量级的应用都可以在微信里进行推送和服务，用户并不需要去一些专门的下载应用中寻找。微信向营销者提供了一个更广泛的技术操作领域。我相信，微信未来会成为一个开放式的平台，甚至现在我们能够接触到微网站，一些定票的微信号等就是这种领域的展示。

基于微信的创业方向及赚钱途径

陈老师继续讲道："未来微信将成为一个商户自助管理的开放式平台，商户可以自由接入、自主管理用户体系。"

腾讯微信会员卡负责人耿志军曾说，商家原有的 CRM 系统都可以对接到微信会员卡系统中，从而优化其 CRM 系统，让原有的 CRM 也具备拉新和营销的能力。

实际上，在实物电商方面，微信已经联合一些商家进行了不少的支付尝试。

耿志军称："实物电商在移动互联网时代应该是什么样子？我们觉得至少不是 PC 互联网时代的样子，起码要更轻松一点，更便捷一点。我们先做生活电商，实物电商接下来也会加速做。"

当然，乐观地讲，微信的商业化也会带来更多的可能性，尤其是对第三方而言——游戏开发、数字出版、优质自媒体、企业和营销公司等。

"选择大于努力"，这是我们所熟知的一句话，对于微信创业来说也是如此。我们知道，当你的微信开启了公众账号功能时，那就意味着一种新的营销方式的到来。无可厚非的是，对于微信创业，无论是个人还是企业都在蠢蠢欲动。

我们生活在一个变革的时代，没有人有义务教授我们什么，因此，我们必须靠敏锐的触角，不断地学习并及时作出反应。微信带给我们的是一种崭新的商业模式，我们正处于这种商业模式的变革中，作为一名微商，你感受到了吗？凡是努力去抓机会的人，都是还有机会的人；凡是对机会视而不见的人，都会被机会抛弃！

既然微信能创业，那么我们首先要知道哪些行业适合用微信赚钱，哪些行业不适合。一个行业能不能用微信营销，合理的判断标准是：

第一，是否有助于巩固老客户群体并提高老客户的客单价；

第二，是否有助于新客户的加入；

第三，是否有助于提升既有的客户体验，简化运营流程，并提高工作效率。

只要能满足以上三点中的任何一点，这个行业就适合运用微信进行营销。

从微信开始开放"自定义接口"，允许其他账号接入微信开放平台以来，已经有许多商户的微信公众账号进驻。他们在微信平台上的公众账号看起来更像一个精简版的商店。我们常见的微信营销账号包括：

1.旅游类账号，如亚朵酒店、蚂蜂窝等

随着人们生活条件的改善，旅游成了人们放松身心的最好方式。旅游类企业通过微信发送旅游攻略，尤其是图文并茂、

富有诗情画意的景点图片可以吸引大量的用户关注。除此之外，对于传统业来说，微信的出现无疑让他们有了新的招揽顾客的利器，更为称赞的是，他们通过微信可以使顾客实现二次消费。由此衍生出来的订机票、景点门票、订酒店等让顾客有了全新的购物体验。

2. 饮食类账号，如食神摇摇、外卖网络等

食神摇摇是在 2012 年 11 月正式进入微信自定义接口的。用户可以将自己所在的位置发送给食神摇摇，然后食神摇摇会根据用户所在的位置，向其推送三四个餐馆信息。信息大致会包括餐馆的名称、人均消费、距离远近和联系电话等，最后还会附上一个介绍该餐厅详细信息的网址。这就极大地方便了食客搜索美食的过程，使食神摇摇在短时间内聚集了大量的人气。

还有另一种用法，用户可以通过食神摇摇查询其他地点的餐馆信息，并能收到该地点附近的餐馆推荐。

同样瞄准了饮食类服务这一领域的还有上海的一个创业团队，其推出的微信账号外卖网络在收到用户的位置信息以后，会将该位置周边一公里内的所有外卖详细信息，如菜品、电话等推送给用户，简直是一本"可以随身携带的外卖单"。

在美食品牌系列中，标准化的产品价格促销体系是微信应用的前提。这样一来，肯德基、麦当劳、汉堡王等能实现标准统一价格的快餐连锁店，就具有相当的优势，因为他们能锁定固定消费群并向其推送优惠电子券和新品信息。而店面数量和分布情况则决定了相关微信公众账号的价值。

3. 护肤类账号，如美肤汇

2012 年 11 月底，微信平台迎来了第一家与其合作的垂直电商网站——美肤汇。两者的合作采取了美肤汇在微信内独立拥有一个定制站点的全新模式。在美肤汇的账号页面，用户可以看到一个"美肤汇会员购物专区"。用户在添加了美肤汇的账号后，单击该专区，便会进入一个手机商城。这个专门为微信定制的手机商城没有复杂的导购线索，商品数量也不多。而用户一旦决定购买某个商品后，只需要填写自己的手机号就可以了。随后，商城的客服会打电话询问收货地址，等用户收到货品后再付款就可以了。

我们知道，现在的实体店随着租金及其他运营成本的不断上升，加之电商的不断冲击，纷纷谋求转型。而微信公众平台的出现，无疑让他们看到了希望。因为垂直电商利用微信，就可以在独营品牌的运营上，采取自主化方式，进而提高网站与品牌的联动效率，对市场迅速作出反应，使得价格体系更有保障，进而获取更高的利润。另外，电商可以通过微信公众平台准确掌握买家的喜好，然后制定出更加精确的市场决策，降低风险，提高收益。

4. 交通类微信创业账号，如微信路况

作为最早一批接入微信开放平台的企业级公众账号之一，微信路况的主创团队来自自由天使投资人薛蛮子和前 8848 总裁吕春维共同创立的车托帮。

在接入微信平台之前，车托帮的主要产品"车托帮—安驾电子狗"和"帮帮"均以 App 形式呈现。而在 2012 年下半年微

信开放公众平台之后，车托帮上线微信路况，将近 30 个城市的路况查询、违章查询等 App 中的主要功能移植到微信账号中。据吕春维介绍，微信路况上线仅 5 个多月就已积累近 50 万用户。

微信路况的呈现方式类似于上面提到过的外卖网络，即用户向微信路况发送自己当前的位置，微信路况便能向用户提供周围近 3 公里内的路况信息。或者用户直接输入将要前往的某条街道名称，用户也能得到那条街道周围的路况，这就极大地方便了用户规划出行。

交通类微信创业账号：微信路况

交通类微信创业账号中我们不得不提的还有一个杭州团队推出的微信车队。尽管与上面提到的各种创业账号运作方式有所不同，但微信车队从自身的组织、协调、分工，到为用户提供服务都是依托于微信平台完成的。他们还被不少业内人士视作国内移动互联网时代开启分布式社会化协作浪潮的先行者。

5. 婚姻类微信创业账号，如微诚勿扰等

随着现代社会剩男剩女数量的不断增多，微信成了他们相亲的重要工具。在相亲会上利用微信的摇一摇、扫一扫等功能，打破了以往相亲会上看相亲会员资料的单调方式，从而提高了相亲的趣味性和互动性。而且，相亲者信息采用二维码展示，相亲者可以通过扫描二维码，与任何一位中意的相亲会员通过微信进行沟通，这就进一步扩大了现场相亲者的交际面，甚至可以让相亲者有机会认识现场的所有人。

而不少创业者因此发现了商机，在微信上当起"红娘"，赚起"媒人费"。

"认识 5 天就闪婚"这样的现代爱情故事，也一度刷爆了朋友圈。这是网络上盛传的一段闪婚"神话"：来自成都的"@摄影师身后大叔"在微博上认识了上海女生"@4 岔路口"，从未见面的这一对微友，在微信上聊了 5 天之后便开始谈婚论嫁。女主角很是豪爽，二话不说就带着户口本飞到成都，次日这对微友便喜结良缘！这件事也引发了很多单身男女对微信恋爱的向往。

除此之外，业内知名的婚姻类微信创业账号还有对爱。对爱的创始人晋明会因为微信创业账号找到了弯道超车的机会。

从 2011 年 8 月创业伊始，晋明会都做得有点辛苦，无论是网站、开放平台还是 App 开发，对爱几乎每次都忙于追赶包括世纪佳缘、百合网等先行者的脚步，但在加入微信开发者阵营后，似乎一切都变了。对爱微信公众号在 2013 年 1 月面世后，因其模式独特，迅速获得了大量的媒体曝光，上线第一周就收获了 2 万粉丝，后来每天都要收到用户发来的几万条交友查询信息。

婚介本身的精准需要注定了这个行业的机会是存在的。有

红娘团队及线上互动能力和数据库资源的网站，靠微信的深度和专业化服务，一定会打造出一个一线品牌。而地域和服务对象的多样性和复杂性，除一线品牌外，也会有很多种特别领域的小品牌杀出重围。

6. 法律类微信创业账号，如法宝问答

法宝问答每天会以图文形式发送一条与日常生活相关的法律常识，关注它的微信用户每天都能学习一点法律知识。用户回复 0 ~ 9 中的某个数字时，便可以查阅婚姻家庭、劳动工伤、民间借贷等不同领域内的趣味案例故事。当用户有了法律问题时，还可以在微信上直接咨询，而法宝问答平台上的签约律师会予以免费解答。

现代社会是一个快速发展的法治社会，我们的稳定生活必须靠法律来保障，不管是严肃的政治政策、复杂的市场经济还是民众纠纷，不管是亲情、友情还是爱情，都可能会涉及法律问题。越来越多的人选择通过法律手段解决问题，而普通人真正掌握的法律知识却相当不足，尤其是遇到一些法律问题时往往束手无策，甚至都不知道应该咨询哪位律师，这时就非常需要一条有效的法律咨询途径了。

随着微信的普及，各行各业都借助微信推出了线上服务，通过网络交流成为相当重要的方式，人们的生活也就更加便利了。

传统企业的微信赚钱技法

陈老师对于传统企业的微信营销颇有心得，讲到这个问题时，陈老师直接把自己平时的演讲日记和心得分享给了大家。

陈老师在日记中写到：

很多人都希望在一个规定的时间内通过微信赚到钱，但往往这个过程是很漫长的。为什么说"跪在坚持"而不是贵在坚持呢？"跪在坚持"意思是：哪怕是筋疲力尽还要坚持下去。这个解释有点过，其实这句话的意思是我们从事微商的人身上要有一股劲儿，骨子里要有毅力。通过微信有很多种赚钱方式，不要去复制别人，要有自己的特色。

陈老师有几个平时演讲的案例很经典，想必大家会喜欢。

1.酒店：维也纳——微信 1 年订房达到 1 个亿

网络预订酒店这块业务拥有十年以上的传统市场需求，而移动互联网时代彻底颠覆了 PC 端的操作方式。

作为全国中档连锁酒店的第一品牌，维也纳酒店在微信初期就看到了服务号强大的智能服务接口，并果断升级为服务号，申请并使用微信各大高级接口的开发功能服务目标客户。移动端注重的更多的是客户体验，维也纳通过自定义菜单的深度优化和闭环管理思维，不断提升客户体验，有效地激活了平台会员的消费黏性和活跃度。

他们的可取做法有：

（1）开发了预订系统，通过"微信预订立减 20 元"的差异化待遇引导和转化客户流量。

（2）设计了"每日签到"的闭环设计，在娱乐和让利的双重驱动下，把更多的会员留在了微信平台上。

2. 商场：天虹——每天通过微信接待 8000 人 / 次

天虹的微信商城系统率先实现了用微信逛街，而且他们还同时开通了微信支付。便捷的自助服务满足了粉丝对品牌检索和优惠查询的需求，关注天虹微信、点击购物搜索某类品牌，客户就能在屏幕中得到商场内的品牌展示，随机点开一个品牌链接，就能看到该品牌的优惠活动、折扣力度、单品的售价范围等，这就给了客户很好的体验感。客户根本不需要亲自到店就能知道最新的优惠活动了，为客户节省了大量的时间和精力。

而便捷的支付模式则是通过微信购买商品或礼品卡的方式给客户提供方便的。客户也可以先在网上选好产品，再去门店支付，可以任意选择在线支付或货到付款的方式进行交易。天虹商场在微信试水零售 O2O 模式后，其微信平台通过腾讯微生活实现了个性化信息订阅、会员系统无缝对接、销售人员与客户之间的一对一互动等。当其与微信合作的消息传出后，天虹的股价连续三日累计上涨近三成，证明了市场对这一新型销售模式的关注与肯定。天虹参与微信平台完成营销活动，提升了品牌知名度，吸引了大量的客户群体，这为天虹带来了极佳的宣传效果，实现了客观的购物转化率，很多老客户的黏性也得到了极大程度的巩固。

3. 餐饮：海底捞火锅——每日微信预订 100 万人 / 次

一本《海底捞你学不会》风靡大江南北，让人们见识到了海底捞的生意火爆程度与其做到极致的人性化管理。站在服务客户的角度，他们也是在第一时间推出了微信预约功能，方便客户的就餐。

餐饮大鳄海底捞

其实，作为国内最具口碑的餐饮连锁服务机构，海底捞是较早试水 O2O 营销的餐饮连锁服务企业之一。海底捞凭借其在微博、点评网站等互联网平台上的良好口碑，迅速吸引来大量忠实粉丝。加强客户关系管理一直是海底捞的追求，特别是在移动互联网时代，新技术手段层出不穷，对经营者而言，如何选择更好的管理方式是创业者们需要思考的问题。

海底捞的突出之处在于：

（1）通过创意活动吸引客户。

只要你一关注海底捞火锅的微信，就会立刻收到一条"发送图片在海底捞门店等位区现场免费制作打印照片"的消息，这就瞬间吸引了很多年轻客户的兴趣。

（2）自助服务完善，客户可以通过微信实现座位预订，甚至送餐上门。

你想要点外卖？只需简单输入信息，就能坐等美食送到家了。这样方便快捷的服务，再加上靠谱的菜品、店里不时推出的"微信优惠价"，怎么能没有吸引力呢？海底捞每日通过微信预定的客户流量已经高达 100 万人 / 次了。

4. 手机：华为荣耀 3X——30 万人通过微信抢购

微信预约活动能够带来粉丝的持续关注，并能帮助商家实现后续的精准营销。

华为通过微信做的荣耀 3X 预约活动称得上是微信营销中的经典案例了。

华为的操作流程大体如下：

（1）活动开始前，华为就通过微信和微博进行内容推送，在宣传上实现预热，并联合易迅大量曝光活动信息，做足了噱头；活动前期，华为荣耀、华为商城、花粉俱乐部等官方微博都对此次活动进行了大量的追踪报道，并用图解的方式说明了具体操作流程，易迅也在微信上做出了精选商品的活动。当时微信正想着怎么让更多的用户绑定银行卡呢！于是，在这样的背景下，三方愉快地达成了合作，在粉丝中间造成了极大的影响。

（2）预约界面中加入了抽奖环节，预约用户关注华为荣耀公众账号后即可参与抽奖。

（3）付款方式灵活便利。用户预约成功后进入原预约页面即可购买，支付方式也支持微信支付和货到付款两种。

这次活动取得了良好的效果，荣耀 3X 的总预约量达到了 30 万人 / 次。

5. 电影院：万达影院——微信日均出票 8000 余张

作为传统行业中的大鳄，万达影院的做法也值得我们借鉴学习。

（1）在微信开发系统上，万达影院一直走在传统行业的前端。万达影院最值得一提的便是其便捷的票务服务。用户只要关注了万达影院的微信公众号，就可以实现简单的查询热映影片、待上映影片信息、在线预订、在线选座及评价分享等。

（2）对于二维码的推广，万达影院也有一套成熟的做法。一是通过票面上加印的二维码进行宣传推广，凡是购买了电影票的用户都可以随机扫描二维码，再加上万达影院强大的服务体系，扫码成功的用户往往就变成万达影院的粉丝了。同时，万达影院也会为了吸引粉丝而开展一些活动，如不定期地推出"一分钱看电影""观影送可乐爆米花"等。对于影院而言，闲时会有很多空位，不如索性拿来回馈一下粉丝。而这种回馈则带来了非常可观的效果，现万达影城微信渠道日均出票 8000 余张。

好啦，通过上面的讲述，我们了解了传统企业如何利用微信赚钱，那么我们接着再看看陈老师是如何看待互联网企业的微信赚钱之道的。

互联网企业的微信赚钱技法

　　小米公司是业内著名的互联网企业，他们通过微信吸金的做法对我们微商而言很有借鉴意义。

　　小米公司刚进行微信营销的时候，曾在微信平台上开展过两天的在线活动，收到用户互动信息超过 270 万条，创下了微信公众账号平台上的当年最高纪录。而很多人并不知道的是，小米公司用来进行活动的微信公众账号在活动前 3 个月才注册，短短时间内能够聚集这么多粉丝，造成如此大范围的影响，小米在微信营销方面的经验非常值得我们关注。

　　第一，超过 10% 的微信粉丝来自微博导流。在小米手机微信公众账号运维初期，新媒体营销团队认为微博将是他们的核心吸粉渠道，当时的负责人是这样想的："小米有几百万的微博粉丝，好好拉一拉，短时间内吸引 50 万人应该没有问题。"虽然后来只有 10 万微博用户成为了微信粉丝，约占其微博总粉丝量的 12.5%，效果也已经很惊人了。当然小米这么有底气的运作还有一个前提条件，那就是小米拥有国内足以傲视群雄的微博运营团队。

第二，约 30% 的粉丝来自活动策划。自 2013 年 1 月小米公司注册了小米手机微信公众账号后，他们的团队并没有急于做活动，一方面不想过度骚扰用户，另一方面在于他们需要时间摸索何种活动策划才适合微信营销。直到当年的 3 月，他们才策划了一个"小米非常 6+1 你敢挑战吗"的互动活动，使用了类似于趣味答题的方式与粉丝进行互动，并准备了米 2 手机、移动电源等奖品，鼓励用户关注小米手机公众账号。小米公司分管营销的副总裁黎万强曾在活动结束后透露，活动的 3 天时间里，小米手机销售额超过 400 万元，共有 20 多万人参与了微信互动。

第三，约 60% 来自小米官网、论坛及电商渠道的转化。小米手机有 50% 的微信粉丝来自其官方网站，另外又有 10% 的粉丝来自站内活动引流。其实，小米手机官网在本质上就是一个电子商务的平台，他们每周会举办一次开放购买活动，每次活动时，其官网上都会公布微信的推广链接及微信二维码。当时的情况是，小米公司通过官网吸引粉丝的效果非常好，最多的时候，一天可以增加 3 万 ~4 万名粉丝。并且，小米公司在每次微信活动开始的前一两天，都会提前在其官方微博、小米论坛、小米官网及合作网站上发布消息，公布活动详情，并在活动结束后进行及时追踪传播。

除此之外，小米在电商渠道中也很善于拆解自己的业务流程，并结合微信进行推广，从而引导用户在购物过程中关注小米公众账号。

例如，小米自己开发的微信后台可以根据关键字将用户留言中的一部分自动抓取出来，这些关键字包括"订单""刷机""快递"等。而这些用户留言会被系统自动分配给人工客服，小米公司的微信运营人员会一对一地对这部分留言用户进行回复。这些通过微信联系的粉丝对小米公司的品牌忠诚度很高，多达 40%~50% 的小米微信粉丝会经常参与小米手机微信公众账号每月一次的大型活动。我们不难发现，微信的运用，大大增强了小米粉丝的黏性并最终提高了小米手机的销量。

根据以上分析，我们总结出的小米手机微信营销手段如下：

1. 微信的定位是客服平台

小米公司从未将微信作为一个销售渠道，而是作为客服平台应用的。微信具有很好的服务属性，再加上其很强的私密社交属性，因此成为小米公司的客服平台也就不奇怪了。正是在微信的帮助下，小米公司的营销活动取得了非常好的成绩。

2. 提升在线人工客服水平，做好售后服务

微信不仅被小米视为吸引用户的强大工具，更是其最好的客服阵地，并且，小米通过微信进行的客服工作，最终的效果也非常好。比如，小米做的很多在线活动，用户活跃度超过了50%。最初在微信上进行客服服务时，小米每天能接收 3 万余条信息，后台自动回复 2.8 万余条，剩下由人工处理 2000 多条。为此，小米公司专门研发了一个技术后台，普通问题的处理方式是关键词的模糊、精准匹配，一些重要的关键词，则会自动

提交到相应的人工客服那里。

3. 利用微信 API 做 CRM 管理与营销

小米从微信官方拿到了比其他企业更高的 API 权限。这是因为在小米微信运营初期，小米高层就通过和微信谈判获得了较高权限的接口。该独立的 CRM 接口可以对用户信息进行读取，并进行事件推送，这是其他企业难以企及的。

除此之外，小米还对自己的 100 多万粉丝进行分组、归类，按照不同的属性将他们区分出来。例如，确定哪些粉丝已经是小米的用户了，而哪些只是潜在客户。这是一项困难的工作，但一旦完成，就能为小米精准地定位客户提供强有力的支撑。小米当时采取的做法是，通过举办一系列的活动发现这些用户的行为轨迹，据此将他们区分出来。

4. 重视活动营销

绝大部分微信平台中的用户都是很愿意参加互动性强的活动的。2013 年 4 月 9 日，是小米公司的"米粉节"，为了实现更好的营销效果，小米公司策划了一场米粉节直播活动，并设置了足够具有诱惑力的奖品——关注小米手机的微信公众账号，回复字母参与抢答的用户，就有机会获得小米手机。小米的微信公众号每隔 10 分钟就送出一台小米手机。下午两点直播正式开始，几十万微信粉丝发送的信息瞬间蜂拥而至，并最终刷爆了小米的后台服务器。最终的统计结果表明，米粉节当天小米手机的销售额为 200 万元，参与互动的"米粉"人数超过 20 万。

在这次活动期间，小米的微信后台总共收到 280 余万条信息，过多的信息直接导致小米微信后台的崩溃，很多粉丝留言无法参与抢答活动，活动宣告失败。不过这次活动却为小米手机吸引了超过 14 万的新粉丝——在活动开始前，小米的微信粉丝数是 51 万，活动结束后猛增到 65 万。

　　下面我们再看看陈老师是如何讲解电商卖家利用微信赚钱的。

电商卖家如何利用微信赚钱

微信坐拥八亿用户，是名副其实的基于社交的强大流量入口，把它作为电商推广中的一个重要渠道，我想没人反对，并且许多人已经开始实践了，他们成了专职的微信电商；许多企业则专门成立了自媒体部门，该部门正是聚焦于微信营销的。

电商通过微信开战营销活动简单吗？其实非常简单，可是你做到极致了吗？我一向认为，电商推广的渠道虽然很多，但要全面辅开的话，不仅耗时耗力，更耗财！而专注于一个渠道，将其做到极致的话，也不失为一种成功。下面我们就来详细分析一下电商该如何利用微信赚钱。

想做好微信电商，始于了解两个基本点。

很多微商从业者也许会选择卖衣服、卖化妆品或者是厨具，但很多人都没有想过，自己的产品有哪些优势，不管是设计上的优势，还是价格上的优势，亦或质量上的优势，究竟在哪里？如果产品是女装，那有没有分析一下，今年流行的款式与颜色是什么？只有想明白了这些问题，才能考虑如何针对用户推广产品。这是要点一。

要点二就是针对用户层面的考虑。哪些用户是潜在用户？哪些年龄层次的用户是我们的目标用户？是在校大学生、普通工薪阶层、家庭主妇，还是都市白领？为什么我们说考虑这些很重要呢？

有些朋友将微信好友加到了 500 人，为此，他们非常高兴，认为以后在朋友圈里晒产品，一定可以带来不少的订单。可是过了一段时间，他们却惊讶地发现，真正成交的订单少之又少，这是为什么？因为没有找准你的目标客户呀！因为你不加挑选地加了无数好友，却没有考虑这些"好友"是否需要你的产品。所以，产品能否满足用户需求是能否带来订单的前提条件。这也是我们反复强调的，从事微商伊始，一定要了解用户这一基本要素的原因所在了。

确定好你的目标客户之后，与用户构建信任关系就显得很重要了。如果说淘宝店是等着用户来找上门，那么微商的推广其实是自己主动出击。具体操作方法很多，找到适合自己的才是最好的。有哪些方法能够帮助我们与用户构建好信任关系呢？

1. 建立好微信群

一个微信群可以有 500 位成员，那么 5000 好友的微信号就可以建 10 个微信群了。还是那句话，不要一上来就发广告，一定要保证微信群的健康，多与用户聊些他们感兴趣的话题，慢慢引导用户对我们的品牌产生信任。先有信任，再来谈产品，才不会让用户感到唐突。

2. 重视 H5 页面活动

如果说微信群是为了打造商家与用户的信任关系而建立的话，那么 H5 页面活动就是为了寻求更深层次的互动关系而出现的。比如，我们可以做一个有奖问答的 H5 页面，规定得分最高的前十名用户可以免费领取一件或几件商品。我相信这种做法是可以调动用户参与活动的积极性的。

3. 朋友圈的推广要用软文的形式

粗暴地晒几张产品图并附上购买链接，就想获得大量的订单，这种想法和做法都是很幼稚的。有价值的内容推送，不仅能引起用户共鸣，还能带来用户的自动转发。比如，假如你卖的是女装，那是否可以推送一篇《漂亮女生夏天不适合穿的长裙有哪些》这样的文章呢？通过有含金量的信息整合，在文章的末尾巧秒地指出女生夏天该穿哪类衣饰，而这类女装正好你的小店里就有，并随文放上一条购买链接。这样的广告宣传，既不显得唐突与生硬，也更容易让用户接受。

其实，微商的大本营还是微信，朋友圈的买卖还是基于信任与用户需求。假如你已经与 5000 人建立了最基本的信任关系，但觉得还不够，还需要扩展更多的目标客户，这时候又该怎么办呢？

很多 App 推广喜欢在线下找校园大使，我们微商同样可以。我给大家举个例子：有一个微商从业者小王是卖韩装的，他经过一段时间的用户分析后，发现购买韩装的最主要客户是在校的女大学生。这时候小王就想，自己该怎样把这块业务再做大一些呢？一个偶然的机会，他认识了某高校的一位女学生，这位女学生听完小王的想法后，立即说，自己愿意做小王的校园大使，让小王先送她几套衣服，然后后期按照销量进行分成。小王听完立马就同意了。后来，他通过这种方法陆陆续续找了十位高校的形象大使，在附近各个高校进行服饰推广。在服装销量稳步提升的同时，他还通过这十位形象大使的关系建了几十个相关的微信群。每个学校的微信群都由该校的形象大使负责。因为大家彼此都是同一所高校的同学，信任关系很容易就建立起来了，而间接地，这些大使也帮助小王搭建了客户与品牌之间的信任关系。更重要的是，这几十个微信群里全是精准的目标客户。

由此可见，微商的推广是可以线上线下相结合进行的。具体的操作方法还有很多，比如发宣传单、进行线下活动等。但我认为上面小王的例子更值得借鉴，因为这种做法不仅是找了个代理人那么简单，他还通过这种方式，成功地与目标客户建立了信任感。

要知道，生意场上客户与商家之间的信任太重要了，能够通过这种方式四两拨千斤地让目标客户对你产生信任，是非常讨巧的一种做法。其实，不管是个人还是企业，想做好微商，做好推广、营销等工作，都必须建立在取得用户信任的基础上。互动是建立信任的必要手段，所谓一回生二回熟嘛，我们交朋友不也是这样做的？做生意其实也是同样的道理。

"好，这节课就讲完了，请大家休息十分钟。十分钟后我们来讲最后一节课——"陈老师在热烈的掌声中快步走出了课堂。

第12章

Chapter Twelev

—— 直播电商：微商盈利新趋势 ——

"直播+电商" 因变现快成为网红经济

"好，我们继续上课，请大家各就各位。"陈老师简短的开场白，让嘈杂的声音全部消失，大家即时进入认真听课的状态。

最近朋友们见面谈得最多的非网红莫属！因为除了围绕着美女的穿衣搭配、游山玩水，围绕着游戏的现场竞技、技术解说等直播之外，中国的主流商业人群也开始蚕食这个市场。

昆仑万维、光线传媒、浙报传媒、暴风科技等大量上市公司开始撒钱进入，蘑菇街则宣布投资几亿元打造商业网红，甚至连券商研究员也开始用直播方式介绍其研究报告。

事实上，网红并非近一两年才兴起。多年前，一位叫"侯总"的人成功地改变了人们观看电视的黄金时间，这位"先驱"怎么都应该算是中国最早的网红经济代表人物。当时最火的就是他主持的"八心八箭奥地利水晶钻石""劳斯丹顿手表"的电视直销了。

如今，移动互联的飞速发展推动了网红的发展，网红火爆的背后也酝酿着一大波商机。据《每日经济新闻》记者观察，"直播＋电商"除了能让网红们实现快速变现，其本身更成为垂直类电商开启流量和流量变现的双重触点。

其实，很多人并不知道，"直播＋网红"是一个舶来品。

"直播＋网红"这个词可以追溯到 YouTube、Facebook 和 Instagram 这些平台。YouTube 于 2007 年推出了 YouTube Partners，针对内容产生的广告收益，YouTube 拿走了其中的45%，而剩余的则归内容创造者所有。很多人开始在 YouTube 建立自己的频道，凭借一定的曝光率打响自己的知名度并因此获得其他的变现机会。美国网红很快如雨后春笋般涌出，目前变现能力最强的网红基本都是从 YouTube 起步的。从这个角度来看，网红和直播是天然共生的关系。

"直播＋网红"的开创者YouTube

随着网红经济的发展，针对网红们独自作战的困境，周边服务机构开始崛起，MCN（多频道网络，类似中国的网红经纪公司）应运而生，产业链开始逐步形成并完善。YouTube 上最大的内容制作商之一——Maker Studio 已经拥有约 4 亿的订阅用户，并在 2014 年以 10 亿美元的估值被迪士尼收购。

从 2014 年开始，美国开始兴起大量的垂直品类 MCN，比如专门经营拉美内容的 Mitu、专注于餐饮内容的 Tastemade 等。眼下市场上一些针对网红内容的技术和工具网站也开始兴起，产业链分工也越来越明确了。

目前，国内在线视频直播大致分三种，一种是以产出游戏为主的视频平台，例如斗鱼 TV、战旗 TV、虎牙 TV 等，主要以各种网络游戏直播为主；另一种是以美女主播唱歌、跳舞等娱乐活动为主，例如网秦旗下的秀色秀场、YY、六间房等，因其娱乐性质浓厚，又被人们称为秀场；第三种则是以蘑菇街等具备电商属性的平台正在投入的"直播 + 电商"为主。

蘑菇街电商的负责人洪波曾表示，他们最初尝试"直播 + 电商"模式的时候就发现数据比他们预期的要好，第一天 UV 就超了 10 倍。以知名主播许芸溪为例，她是从蘑菇街走出来的一名网红，在蘑菇街上面有店铺。通过直播，其店铺的整体流量在一天的时间内就增长了一倍多，成交额则增长了 67.3%。此前蘑菇街的一个买家在他们这里需要浏览二三百个网页才能完成购物，但是直播过程中是面对面的交流，类似于一个时尚专家跟客户面对面地沟通适合客户的穿搭，而这种方式导致的购买转化率非常高。在直播期间完成的订单，很多都是类似于秒杀一样的购买过程。

值得我们微商从业者关注的是，在经过了试运营之后，手机淘宝正式推出了"淘宝直播"平台，该平台不仅涵盖了母婴、美妆、潮搭、美食、运动健身等范畴，还增加了很多客户感兴趣的细分领域的商品。据了解，定位于"消费类直播"的手淘平台，目前女性观众占了绝对的主导，女性消费者比例约为80%，而每晚的 8~10 点不仅是用户收看直播最踊跃的时段，同时也是潜在客户最愿意下单的时间。

不过，和其他所有的新兴经济一样，"网红＋电商"的模式也引来了大量的跟风者。同时，这个市场的"虚火"也非常旺盛。相关资料显示，目前已有 108 个直播平台获得或即将获得融资。互联网的发展证明，一个领域往往只有前几名可能生存下来并获得成功。短时间内如此多的资本选择进入，能否为整个产业的繁荣带来极大的利好，目前我们尚不可知，但竞争的前景已经是可以预见的了。

无论如何，在线视频直播的本质仍基于场景之中。用户与主播进行现场实时连接，并且，用户与用户之间，主播与用户之间都可以进行实时交流，通过网红和直播工具作为消费行为的闭环引导，已经成为目前最时髦的微商变现模式。

电商直播新玩法

随着移动互联网的高速发展，庞大的移动用户规模随之形成，网络直播作为新兴的社交方式已引发新一轮的媒介革命，迅速成为新媒体营销的阵地。许多品牌商家也在重构营销策略的同时，"无直播不营销"也成为了时下最新的品牌营销口号。然而，很多人并不是真的了解直播营销，也并不了解这种直播营销方式。

2016 年网上曾流传这么一个段子：前一秒你还不知网络直播是什么，而后一秒你的手机里已经下载了各种直播 App ；前一秒你还不知道网红为什么这么火爆，后一秒全民都在直播了。

这段话生动地描述了 2016 年的网络直播有多火。而视频直播在火爆之前，也是经历了一系列变革的。城外圈作为国内领先的一站式智能营销平台，用智能技术体系搜集并处理大数据，最终得出了视频直播的演化规律：从长视频到短视频，从录播到直播，从 PC 端到移动端……内容门槛逐渐降低，越来越多的网民都可以参与视频内容的制作，特别是移动端用户的大规模积累，内容生产的便捷性也在不断提高，视频直播变革成为了互联网流量的新兴入口。

当前，在直播行业强大的社交影响力之下，新媒体的营销阵地也转到了网络直播上，当大家还在思考是否要投入并分得"网络直播营销红利"的一杯羹时，淘宝、小米、京东等行业大鳄已经纷纷涉足网络直播，并各显身手。毫无疑问，网络直播营销成为了社会化营销领域在当下乃至未来很长一段时间内的强劲新风口。

堪称"流量神器"的网络直播，虽然在新媒体营销中被许多品牌所重视并运用，但当新鲜感过去之后，以卖货为目的的品牌直播营销行为恐怕也会遭遇适当的降温。特别是传统电商行业中，利用网络直播解决了用户不能直接体验，参与互动社交的痛点，然而由于缺乏对网络直播的深刻理解，缺乏对直播用户的深刻洞察，仅靠网红直播推销产品也不过是变相的电视购物。因此，如何将直播用户快速地转化为品牌的忠实粉丝、增加客户对品牌的认可度已经成为了各大直播在推广时亟待考虑的问题。

无处不在的网络直播

作为行业内最早关注视频直播及率先拥有直播一站式营销解决方案的营销平台，城外圈已具备深厚的直播营销优势，比如，城外圈覆盖了 90% 以上的优质直播资源，能够运用智能技术体系精准地筛选出高匹配度的直播平台与网红主播资源，通过资深专业策划团队提供定制式的直播营销解决方案，最终基于目标人群的智能直播营销，实现了优化直播渠道流量，大大提高了品牌的直播营销传播效果。

那么电商品牌该如何在网络直播营销中脱颖而出呢？是争夺网红资源，还是加快布局直播？城外圈总结了四个电商直播的成功案例，我们一起来看看他们是如何获取新的流量入口的。

1. 聚美优品

通过明星直播发红包互动，其美妆产品瞬间被抢空。瞄准了"颜值经济"的聚美优品请来魏晨进行直播，魏晨刚出场 5 分钟，直播平台的粉丝数就突破了 200 万。直播除了猜歌送礼、送红包的互动游戏，魏晨更是聊起了自己的护肤秘诀："充足的睡眠再加上菲诗小铺的护肤品，使我拥有了完美的肤质。"于是，短短几分钟，刚刚上线的菲诗小铺限量版气垫 BB 被抢购一空，而观看人数也突破了 500 万，创下历史新高。

2. 惠氏奶粉

奶爸吴尊直播 1 小时卖了 120 余万元的奶粉。早前在《爸爸回来了》中，知名明星吴尊携女儿出镜就积累了超高人气，而这位超帅奶爸应品牌方邀请登上了淘宝直播，推荐知名奶粉品牌"惠氏启赋"产品。在时长 1 小时的直播时间里，吴尊让观众观摩自己的拍片现场并和大家分享自己的育儿心得，最终创下了 120 余万元的交易量，直播期间的单品转化率也创下了惊人的 36% 的纪录，是日常转化率的 7 倍还要多。

3. 小米 Max

小米 Max 的新品直播选择了在 B 站（即 bilibili 弹幕视频分享网站，其为中国最大的实时弹幕视频直播网站）进行宣传。这是一场针对"二次元"用户的直播营销，营销期间以"小米 Max 超长持久"的续航能力为主题，进行了 24 小时连续不断的直播。主办方更邀请了多位"二次元"达人去直播间与大家聊天，并设置了抽奖活动。整个直播过程吸引了 1800 余万人，送出了将近 700 台小米 Max 手机，在流量较高的时段，同时在线人数突破了 10 万人，即使在深夜一两点，也有 1 万多人同时在线。

4. 聚划算

聚划算为几个品牌做了一次联合营销的尝试，把这些没有关联的商品进行打包，花费一个小时的时间让柳岩进行直播推荐。直播开始不到 5 分钟，直播间就涌进了 1 万多人，柳岩和大家打了招呼之后，就开始依次介绍这次参加聚划算的产品，在介绍产品的同时，她引导观众购买产品，直播结束后，这几个毫无关联的品牌成交量共计 6 万多单。

从以上几个电商直播的案例中，我们可以看到直播电商背后的数据转化量是非常惊人的。每个案例的背后，都是一场精心策划过的内容直播，除了借助明星来推荐产品，更多的是提供"产品 + 场景化"的内容及趣味性极强的互动玩法，让目标客户在短时间的直播过程中对产品的体验远远超过其原本的期望值，从而实现了客户的感性消费行为，并由此带来了极高的转化率。

我们所说的"直播营销"，其实是一个很大的命题。从营销传播的前期准备到后续活动，每个阶段都可能会影响到整体效果。想要将直播营销效果最大化，不仅需要选择与品牌最大关联的直播明星或网红及精准的直播平台，我们还需要制定出完整的传播矩阵。比如在传播前期进行充分的预热活动，利用网红明星及品牌账号发布消息造势，先行吸引更多关注度。在直播之后，还需要进行良好的新闻报道与跟踪反馈，利用二次传播提高品牌的美誉度。而且，品牌在整个营销传播的规划中，还需选择类似于城外圈这样的优秀的第三方营销平台，通过覆盖 90% 以上的优质网红直播资源，利用智能核心技术体系，提供一套可视化、数据化的一站式直播营销解决方案，进而提高总体的传播效果。综上，这样才能构成一套完整而又严谨的品牌直播营销方案，才能在网络直播营销红利的全面开启和释放时期，快速地获取更多的优质营销资源，实现直播营销的最终目的。

我们再来看看陈老师讲义中的最后一个电商直播新命题："直播 + 电商"成为网红直播新模式。

"直播+电商"成为网红直播新模式

我们先给大家讲一个故事。

"90后"女生周芊妤拿着手机出了门，一个人在距离学校附近的长宁龙之梦逛街喝下午茶。一路上，她对着手机直播自己在商场里逛街、挑衣服的情景。为了让信号更稳定，周芊妤在一家咖啡馆里坐定，叫了一壶乌龙茶、一块燕麦蛋糕。手机网络直播平台显示，将近一万余人在线观看她的直播。在手机直播平台上，粉丝不断地刷屏提问，周芊妤则一边喝下午茶一边与粉丝聊天。

周芊妤并没有把"网络主播"当成是一份工作，但她每天都会抽出两三个小时在淘宝做直播。顶着东华大学校花的头衔，她甜美出众的长相就是她进行直播的资本。平常，她总是拿着手机出入学校、商场及各大活动的现场，直播自己吃饭、逛街、化妆、参加各类活动的日常活动，与粉丝们畅聊自己的所想所得。

其实，两个月前，周芊妤才在同学的推荐下与"网络主播"开始了亲密接触。一位朋友告诉她，现在有种"直播＋电商"的形式，可以让主播与粉丝分享自己的日常生活，分享自己常用的物品，像她这样性格开朗又长相甜美的女生是很适合从事这一行业的。将信将疑之下，周芊妤便加入了时下流行的网络主播队伍。

做主播对周芊妤来说其实并不陌生，因为她平时也会兼职做一些活动现场的主持、广告拍摄等工作。凭借自己的演艺经验及开朗大方的性格，22 岁的周芊妤在接触直播行业的两个月里就积累了 10 余万粉丝。

在直播时，除了和粉丝进行互动，回答粉丝提出的一些问题，周芊妤还会向正在观看直播的观众推荐特定的商品，而这也是她做直播的主要收入来源。

周芊妤做主播的第一天就有了收入，第一个月她的收入只有 3000 多元，而两个月后，她的收入就已经达到 1 万多元了。但周芊妤还算不上这行的翘楚，与她类似的网络主播，月收入四五万元的大有人在，甚至有人一个月就能赚十几万元。

大行其道的美女主播

　　"直播＋电商"的形式不同于以往大众印象中靠收虚拟礼物折现的视频主播，她们直接靠"卖货"来盈利。周芊妤认为向粉丝推荐自己认为好用的商品是一种分享，她很享受这个过程。基本上都是商家主动来找她推荐他们的产品，也会在她正式推广前给她寄一些样品，她试用后觉得不错跟商家谈好一定的提成比例后，才会在直播页面上进行推送。目前化妆品的提成比较高，大约在 30%~40%，这也是周芊妤这类主播的主要收入来源。

　　目前，相较于以往一些直播节目内容低俗、监管难等问题，电商平台的介入将使直播行业更加成熟。

　　淘宝直播的相关负责人也曾表示，在直播的审查方面，目前淘宝主要采用的是机器和人工相结合的方法。机器按照一定的算法实时扫描直播画面，如果发现存在一些违规的画面，机器会自动屏蔽直播内容，响应速度在 3 秒以内。同时，辅以人工 24 小时多屏监控直播画面。双管齐下，实时保证直播内容的安全。

"直播＋电商"已经成为目前网红直播的新模式，这种方式，无疑为微商的发展拓展出另一条销售路径，值得广大微商从业者关注。

"好！整个课程到这里就全部结束了。希望我的课能够给大家带来一定的启发，如果在座的哪位同学能够成为下一个成功的微商，甚至从我们的课堂上能够顺利走出去一批成功的微商，那么这对于我来说就是莫大的荣幸了。谢谢大家！"陈老师十分恭敬地向大家鞠了一躬，整个课堂里响起了雷鸣般的掌声。

陈老师拿起讲义，一步步走出了课堂。徐婷望着陈老师远去的身影，心中难掩激动。自己的眼前，似乎正徐徐拉开一层帷幕，那是微商的舞台，是等着自己去努力奋斗的未来。

附录：16种微商销售模式

下面给大家总结一下常见的 16 种微商的销售模式：

1. 微信朋友圈销售模式

微信朋友圈卖货是我们最常见的一种微商销售模式。从业者利用微信朋友圈每天发布一些产品，而且有的人会一连发布很多类产品，也不管用户是否喜欢，只管自己发得痛快。

采用这种模式的微商从业者，我们可以称之为微商，也可以叫他们"讨厌的微商"。就算采取这种模式获得了成功，那么他们拥有 100 个人的微信朋友圈里，恐怕最终只能剩下他们自己。所以，我们千万别做这种让人讨厌的微商。

2. 微信公众号销售模式

通过微信公众号卖货的人，不像在微信朋友圈发广告那样让人生厌。一般情况下，他们都会在微信公众号里发布一些有营养的内容来吸引大家观看。大家在观看内容的同时，就会看到他们的公众号还附带了一个微商城。

这个微商城一般是和该微信公众号绑定在一起的。不过，究竟有没有人通过看公众号的文章就决定去微商城里买产品，这一点是存疑的。这种模式好却不一定适合所有人。

3. 在陌陌等社交平台上的销售模式

陌陌和微信一样，都是一个社交即时通讯平台。不夸张地说，哪里有人，哪里就有微商从业者的影子。

有一些人坚持每天都在陌陌的留言板发布自己的产品，也确实收到了一定的反馈。而且，随着这一阵地的逐渐被开发，这些平台上所售的产品也是五花八门，越来越热闹了。

4. 手机商城网站销售模式

随着移动互联网的到来，手机网站越来越多，手机商城是手机网站的一种，是专门针对手机用户制作的商城网站，就像 PC 上的商城是专门为电脑、平板这些设备而做的网站一样。

手机商城其实就是该商城的 PC 版在手机上的运用，我们最常见的就是淘宝、京东、唯品会等。当下，很多微商从业者也成立了自己的手机商城网站来售卖产品。

5. 手机 App 商城销售模式

手机 App 商城其实跟手机商城是一个类别的，只不过因为手机商城网站是需要通过搜索才能找到的，是和 PC 端网站联系在一起的。考虑到用户通过手机浏览 PC 网站不方便，手机 App

商城就应运而生了。

手机 App 商城就像微信、QQ 一样，大家只需要点击图标就能打开，因此使用过程极为方便，也因此成为很多微商从业者售卖自己产品的一个平台。

6. 微信自媒体销售模式

自媒体的英文名是 We Media，又称为个人媒体，是私人化、平民化、普泛化和自主化的信息传播平台。自媒体平台包括博客、微博、微信、百度官方贴吧和论坛 /BBS 等网络社区。

微商从业者通过在自媒体上发表一些软文或产品介绍，与客户进行互动，最终实现产品的成交。

7. 手机微店销售模式

开一家微店并不难，只需要上传图片，完善注册信息就可以了。其实通过微店进行产品的销售是很好的，但是，如何让用户信任你，愿意在店里下单，这是一个需要微店店主重点考虑的问题。

8. 手机商铺卖家销售模式

所谓手机商铺卖家销售，指的是这部分人有自己的淘宝店铺、拍拍店铺等，他们只是利用微信、陌陌等平台来宣传自己的产品，至于最终的交易，他们还是会选择商铺进行。

9. 利用手机的微商 O2O 模式销售

有些微商从业者的生意主要集中在本地，于是，他们会在地方论坛、分类信息网等平台上发布一些产品信息。一般情况下，大家发布产品时都会留下自己的电话号码、QQ 或微信。如果用户感觉产品还不错，有的会打电话咨询产品问题，有的会拿起微信加好友进行进一步的交流。如果双方确定成交，一般销售人员会直接送货上门，完成交易。这就是典型的微商 O2O 模式。

10. 微视频销售模式

手机上的微视频分享平台有微视、美拍、秒拍等，内容方方面面，包罗万象，有些微视频就是专门卖产品的。

比如，有些人专门在微视上分享家里宠物的一些微视频，而且这些宠物非常可爱。如果用户刚好也有豢养宠物，可能就会追问视频里的宠物吃的什么牌子的猫粮 / 狗粮，用的什么沐浴露，等等。那么，视频制作者就可以进行产品推销了。这就是微商的微视频销售模式。

11. 利用手机微博的销售模式

很多人都在玩新浪微博，而且有一些微博自媒体人气也很高。很多人经常在微博上推广自己的产品，也经常利用微博推广淘宝店铺。

其实大家可以创建自己的微博，如果是卖产品的，就专门申请一个微博官方账号用来销售产品，一些产品信息完全可以及时在微博上发布。这里的微博，当然说的是手机上的微博客户端。

12. 利用 QQ 空间的销售模式

几乎每个网友都有 QQ 号，而 QQ 空间一般是我们发布和看一些朋友分享内容的地方。现在的 QQ 空间已经不是简单的社交平台了，也可以是一个卖货、推广产品的平台。在 QQ 空间上卖产品已经被很多人接受了，像美丽说、小米手机等，都利用了 QQ 空间来卖产品。

不管是卖产品还是卖服务，我们都可以把 QQ 作为一种联系方式。当用户加了我们的 QQ 号后，你每天只需要在 QQ 空间发布产品或者相关信息就可以了。QQ 空间使用起来非常方便，也可以很好地"圈"住用户。

13. 利用公司员工在朋友圈销售的模式

这种销售模式比较适合人数稍微多一些的公司。比如，一个公司有 200 名员工，公司让这 200 名员工每个人都在各自的朋友圈分享公司产品。而且，每一位成功销售出去产品的员工，公司会给予一定的提成。即使员工不多的小公司，也可以利用少数员工进行宣传，给他们一定的提成作为鼓励。

14. 在微信朋友圈做地方生活信息分享的销售模式

这是从 2014 年"火"起来的一种销售模式，具体做法是这样的：创建一个微信公众号，持续不断地发布有价值、有营养的文章，最好是原创类型的文章，在这个过程中，你的粉丝数量会持续上涨，当粉丝数量积累到一定程度后，就可以接受一定的广告赞助了。虽然这种形式的微商从业者没有直接卖产品，但是我们也可以叫他们微商，因为他们的软文其实也可以称之为一种"产品"。

15. 通过产品代理的分销模式

所谓的产品代理的分销模式，就是很多人眼里的传销模式，甚至于很多人一听到在微信里卖面膜，就直觉是骗子。相比传销赤裸裸地拉人入伙、赚取费用，不同的是，有的分销模式采取了一种更为柔和的方式：上级供货商提供产品的图片、成交截图、产品发货截图等完整的资料，下级分销商只管卖货就可以了。最终出货则由上级供货商完成。

这种分销模式也是目前比较常见的一种微商销售模式，但是这种模式最大的问题就是产品质量难以把控，很容易出现"一锤子买卖"的情况。

16. 通过加盟，获取销售提成的销售模式

微商还有一种销售模式就是加盟。比如某个面膜很好，你很想卖这个产品，就需要交一定的加盟费，然后你就有资格进行销售了。而且，你也可以选择不囤货，卖多少产品再收取一定的提成。

其实这种加盟模式，因为有品牌的背书，做起来会相对容易一些。并且，收取加盟费也会让参与者更加珍惜加入团队的机会，有利于整个销售团队的稳定与发展。

联合出版人

吴　语	潘光美	赵　磊	王　欣	曾志光	陈金凤
韩跃军	杨玉良	张韶涵	卢　娟	张　宁	冯晶晶
郭政清	贺志勇	金蓓蕾	白晓洋	曹剑光	胡　兵
邱荣胜	杨雨露	张威信	王桂林	曹　阳	鲁　蕾
王　超	郭卫强	余　雪	彭义萍	庞少鹏	李伟华
闫恒语	楚韫宁	叶竹青	冯　斌	曾翔宇	随莉敏
李爱卿	刑长征	段亚杰	刘朝伟	吕林超	陈　春
高亚菲	颜玉文	薛光启	曾林微	李国阳	赵　勇
王宏亚	刘承华	高润莲	王盼盼	于　泉	李瑜磊
郭鑫源	方秀芹	李建举	魏雪华	刘青霞	徐　燕
张久荣	王　刚	张　莉	樊培培	刘　震	张　静
何红艺	张洪根	祁录音	寇　燕	朱敏瑞	曾大伟
师学广	刘媛惠	刘金波	徐慧颖	常晓林	涂向华
刘莉莉	吕丽娜	陈　迪	周桂峰	李　策	王红业
余　松	石红亮	(排名不分先后)			

特别鸣谢

武向阳	陈宇浩	侯小广	李莹莹	罗世康	史 磊	王显魁	薛 艳
李 琼	程浩阳	侯玉芳	李永锦	马保亮	司 磊	王天翔	闫志国
韩 静	崔 闯	胡耀中	李 志	马全义	司亚鹏	王银喜	鄢家旭
吴东昂	李 强	胡 霞	廖红卫	马文涛	宋国正	王云振	杨国炳
龙乐华	丁建松	郝佳佳	林 凡	孟国玉	苏琳琳	王长虹	杨亚飞
李成军	杜 丽	贾军磊	林飞萍	孟庆磊	孙海龙	王振中	杨 政
张 楠	方诗杰	贾 丽	刘富有	其 鹏	孙 飞	魏玉清	杨作运
冯艳丽	范志刚	姜佳男	刘海华	张伟强	孙 童	魏 炜	叶 磊
雷星星	冯飞雁	姜自建	刘建华	乔见红	孙爱平	魏 威	叶跃兵
李玉生	冯鹏鹏	金其龙	刘江华	乔 雷	孙继龙	温彩玲	余思雨
赵 东	冯兰兰	金新光	刘 杰	秦逯剑	谭怀豫	吴 猛	余 斌
高 斌	冯山东	靳书春	刘军卫	秦 赢	唐泽民	吴永生	张 冰
刘一龙	冯 帅	靳艳春	刘 全	青 浩	田婉灵	武文韬	张大帅
赵方彪	付立顺	靳一步	刘苏仪	青 权	田喜琴	席 威	张 莉
杜 帅	耿 瑞	景恒岭	刘万奎	尚 城	仝洛东	夏 萍	张 娜
龚道军	郭惊涛	蓝 图	刘 威	尚昊峰	王 芳	夏 英	张 强
吕奇彪	郭 军	李安然	刘新宇	尚伟华	王国华	肖进忠	张书伟
牛建绥	郭 磊	李洪永	刘仪清	邵建新	王清华	肖 勇	张卫星
杨 哲	郭艳楠	李 红	柳国华	邵开平	王国宇	谢长军	张向东
项子芮	韩 非	李佳辉	卢 阳	邵玉鹏	王丽明	谢 辉	张向伟
安永刚	韩桂平	李连杰	吕 东	申华伟	王红星	徐经纬	张 艳
包俊杰	韩 笑	李利鸿	吕林超	石 燕	王金中	徐 艺	张宇欣
常玉龙	韩 鑫	李 敏	吕幸春	时俊岭	王军城	徐 路	张自强
陈新有	韩紫宸	李鹏翱	罗红星	时连军	王梦然	薛 蕊	张征兵

张振新	艾迎春	雷光辉	张正兰	孙艳芳	杨作斌	锁宇浩	王　敏
张祖能	白万同	郭　中	刘冠军	唐亚飞	丁建松	马永伟	璩卫华
赵金华	王策竹	郭必达	刘　涛	田开心	詹志延	田　娟	刘倩倩
赵月玲	王鸿翔	何　冰	刘　威	仝丽丽	张大帅	杨建军	岳　鑫
赵春福	薛　蕊	黑光星	卢芳芳	王珊珊	张　磊	吕俊杰	廖秀梅
赵　剑	王云飞	滑　伟	芦　勇	温彩玲	张　顺	孟　华	刘彩丽
赵海放	李　华	郝　刚	陆思羽	文　丹	赵方彪	田　静	郭　红
赵　双	常新强	胡耀中	吕鹏征	李俊立	郑景瑞	崔明旺	邓　瑞
赵俊峰	常玉龙	李　敏	马世哲	肖　雪	周　金	寇惠春	马静莉
赵素琴	陈　敏	黄思伟	马全义	谢　飞	朱孝梅	路文付	付钰涵
赵志捷	陈培朝	贾　蕊	苗大雨	谢红霞	杨松锋	杨志刚	高　凯
赵忠祥	陈向科	蒋喜玲	徐振辉	刑中华	高秀粉	江　涛	向春燕
郑蔡艳	陈志豪	赖　刚	聂　磊	许建军	何世海	王爱萍	刘晓丽
郑　好	丁光明	李彩玲	聂中东	许方涛	薛　芳	张　越	李彩玲
郑同军	丁子夏	任家记	牛凤悟	徐　静	张广射	吕俊涛	郑肖肖
郑先波	丁赛赛	刘艳辉	牛华丽	徐　婧	张洪涛	苏志华	李晓慧
周宝珠	董国良	冯建明	牛国栋	徐经纬	赵　静	宋相臣	郭慧敏
周明鑫	杜振朝	张永芳	牛晓红	徐丽娟	张明远	曹山明	杨　娟
周松正	段迎霞	任翰琦	刘国秀	徐文利	张彩娟	韩宇红	王桂玲
朱银龙	范　松	任烞琪	乔建杰	方　涛	赵清贵	武宁宇	齐春云
王会磊	冯晓慧	李凤丽	乔素娟	严诗宇	刘新孔	赵娟娟	禄真真
张　鑫	傅　琥	周利萍	谢长军	杨　芳	王白鸽	王志伟	张华强
朱庆庆	刘群立	李红丽	尚志勇	杨　乐	张凤霞	刘佳琪	霍维敏
朱先雅	付跃强	李慧杰	石献法	杨　林	胡　科	任江波	邹国宏
罗　丹	付宗菊	刘利华	石小龙	杨亚飞	张广才	吴　彬	刘贺莹
杨　超	高　强	李晓丽	杨长法	杨兴乐	代中兴	吕重良	王艳丽
郭　鹏	沈　平	连乾坤	孙　敬	杨　政	孙瑞敏	孙银中	米　奇
孙　伟	龚飞雪	汪太银	孙庆华	杨　韵	王仪霞	王云芬	梁红英

赵瑞娟	郭景云	任留栓	朱忠慧	毛　梅	吴　梅	李银利	朱大进
郭彦雷	王彩霞	张振昌	张茉莉	李修云	郑新柱	印胜阳	孙　娟
吕　梦	唐启胜	姚李娜	魏波涛	郑德连	祁秋丽	邱世光	师建良
芦艳军	宁亚平	张书伟	杨爱荣	毛清萍	祁苏云	张　楠	武伶俐
杨淑君	张　飞	刘济芳	李占花	王　琼	魏二妮	王宗光	陈　梅
娄　峥	张　伟	何书蓝	卓新建	刘　青	张婷婷	徐　华	陆　利
董艳艳	郭春燕	崔琳琳	杨香春	商慧敏	刘素萍	天德强	王丙刚
赵旭亭	姜忠诚	倪玉翠	曹玉珍	李　娇	陈猛虎	王建义	周　娜
郑秀枝	朱小五	倪玉梅	龚玉梅	彭成侠	蔡小磊	李亭荣	刘敬中
张琳夕	陈　妮	鲁依诺	刘云娣	陈　红	许学芳	刘　艳	刘鹏飞

这里，有我的四位父母、我爱的人和爱我的人、我的宝贝儿；

这里，有我"兄弟盟"的好兄弟们，二十年来，不离不弃；

这里，有功成名就的企业家，也有一路狂奔的创业者；

这里，有陪伴我拼搏十年的伙伴，也有中途离开的兄弟；

这里，有默默为我点赞的挚友，也有时常不理解我的人；

这里，有我失落时鼓励我的师长，也有受我谆谆教导的学生；

这里，只是生命中的一部分，还有太多太多留在我的印记里；

成长经历中的酸甜苦辣，难忘回忆中的喜怒哀乐，犹如弹指一挥间！

时光荏苒，光阴似箭，不知不觉已近四十不惑之年，有梦想，更懂感恩……

请允许我以这样的方式铭记我生命中最重要的你们，直至生命的尽头……